DEBORAH JACKSON

Mère de trois enfants, l'Américaine Deborah Jackson a écrit plusieurs livres de référence à l'usage des parents, dont *Lorsque bébé pleure* (2006), traduit pour la première fois en français chez Pocket.
Elle collabore par ailleurs à des quotidiens et à des magazines.

Lorsque bébé pleure

POCKET *Évolution*

Des livres pour vous faciliter la vie !

Pierre PALLARDY

Vaincre fatigue, stress, déprime et protéger son cœur

Mode d'emploi pour vaincre les maux du siècle et rester zen

Jacques SALOMÉ

T'es toi quand tu parles

Jalons pour une grammaire relationnelle

David SERVAN-SCHREIBER

Guérir

Le stress, l'anxiété et la dépression sans médicaments ni psychanalyse. Après l'intelligence émotionnelle, une nouvelle « médecine des émotions »

Samuel SHEM *et Janet* SURREY

Il faut que l'on se parle

Une analyse de la construction du « nous » dans le couple afin de renouer un dialogue serein

Allen CARR

La méthode simple pour prendre l'avion sans avoir peur

Dépasser votre peur de voler... pour de bon et facilement

Marthe MARANDOLA *et Geneviève* LEFEBVRE-DECAUDIN

L'intimité

Comment se libérer de nos peurs pour être authentique dans nos relations et oser être nous-même

Marie-Josèphe CHALLAMEL

Mon enfant dort mal

Endormissements difficiles, réveils nocturnes : comment aider mon enfant à dormir

Deborah Jackson

Lorsque bébé pleure

10 règles pour apaiser les angoisses du nourrisson et des parents

Traduit de l'anglais par
Claire Désinde

POCKET

Titre original :
When your baby cries

ISBN 2-266-15473-7

Sommaire

Introduction 11
Règle n° 1 : Pas de panique ! 13
Règle n° 2 : C'est vous la spécialiste 29
Règle n° 3 : Votre bébé a droit à la parole 47
Règle n° 4 : Ne laissez pas votre bébé pleurer... 65
Règle n° 5 : Un océan de tendresse 81
Règle n° 6 : Que la fête commence ! 99
Règle n° 7 : Donnez sans compter 117
Règle n° 8 : Rien de tel qu'un gros dodo ! 135
Règle n° 9 : Un trésor à emporter ! 153
Règle n° 10 : Haut les cœurs ! 169
Table des matières 189

À ma mère Jocelyn et à ma sœur Elizabeth
Avec tout mon amour

Introduction

De tous les faire-part de naissances humoristiques, celui que je préfère adresse ce message très réconfortant aux jeunes parents : « Il existe trois règles d'or pour élever un enfant... Malheureusement, personne ne les connaît. »

Eh bien moi, je connais quelques-uns de ces principes fondamentaux, et je désire les partager avec vous. Les personnes qui ont lu certains de mes ouvrages précédents se doutent bien qu'il ne s'agit pas de règles dans le sens habituel du terme. Ce ne sont nullement des lois intangibles que les parents doivent appliquer au pied de la lettre. En effet, il est inutile, voire nuisible, de vous dire ce que vous devez faire à chaque heure du jour et de la nuit. Comme il est essentiel que vous vous forgiez vous-même vos propres règles adaptées à votre propre bébé, je n'ai pas l'intention de réorganiser votre vie quotidienne ou de vous infliger un emploi du temps ridicule.

Dans ce cas, pourquoi vous proposer dix règles de conduite ? Tout simplement parce que les guides pratiques attirent les jeunes parents en mal de repères dans un monde déroutant. Et puis, en toute franchise, parce que je souhaitais que le titre éveille votre attention. Les principes les plus efficaces sont ceux qui peuvent s'appliquer avec une grande souplesse, en fonction des différentes situations familiales. Les pleurs du bébé constituent le « problème » le plus commun de la petite enfance, et nous sommes nombreux (moi y compris) à nous être sentis complètement désarmés en face d'un bébé inconsolable. Pour surmonter certaines épreuves, nous avons tous besoin de nous inspirer d'exemples extérieurs.

En matière d'éducation, il faut considérer les conseils comme des coquilles vides que vous allez devoir remplir – ou encore comme des treillages de jardinier auxquels vont s'accrocher vos propres idées et vos propres expériences. Mais vous vous apercevrez vite que vos idées et vos expériences auront tendance à pousser dans tous les sens, sans trop se soucier des tuteurs. Ce sera le signe que vous prenez les décisions qui conviennent à votre situation et à votre bébé, et non pas à un modèle abstrait qui n'existe que dans les livres. Pour le bien de votre enfant, vous devez vous fier à votre instinct, et non pas à une série de règles inadaptées.

Le message que je désire vous adresser est le suivant : même s'il est normal qu'un bébé pleure, il existe des moyens d'arrondir les angles. À mon avis, il est toujours préférable de faire appel au bon sens, à la sagesse immémoriale, aux techniques qu'employaient déjà Adam et Ève dans la maternité du jardin d'Éden. Je souhaite vous aider à les découvrir et à les adapter à vos besoins spécifiques. Je veux que vous preniez confiance en vous et que vous vous convainquiez d'une vérité toute simple : quelles que soient les difficultés passagères, vous finirez toujours par vous en sortir.

N'oubliez pas que sur notre planète l'immense majorité des bébés ne bénéficient ni de guides pratiques, ni de pédiatres, ni de parents idéaux, ni de règles intangibles. Et que la plupart ne s'en tirent pas si mal que cela !

Règle n° 1

Pas de panique !

« S'il vous plaît, donnez-moi un bon conseil dans votre prochaine lettre. Je vous promets de ne pas le suivre. »

Edna St Vincent Millay,
poétesse américaine, 1952

Bienvenue au club

Vous êtes perdue, à bout de forces. Votre cerveau s'est déconnecté de votre horloge interne, et vous ne vous souvenez même plus de la dernière fois que vous avez dormi correctement. Tout le monde vous répète que vous avez une chance extraordinaire, vous savez que vous devriez vous réjouir, et pourtant vous avez parfois envie de hurler. Bienvenue au club !

Les bébés sont des créatures merveilleuses, conçues pour être heureuses et pour vous donner énormément de bonheur. Ils sont programmés pour manger, dormir, se reposer ou jouer quand ils en ont envie. Les contacts humains leur procurent de grandes satisfactions, et ils aimeraient qu'on les porte, qu'on les câline et qu'on les promène à longueur de journée. Leurs exigences sont limitées, mais constantes. Ils ont l'air de nous dire : « S'il te plaît, emmène-moi avec toi. Ne me laisse jamais tout seul. »

De peur de se laisser envahir, certains parents s'efforcent de leur inculquer l'obéissance dès leur plus jeune âge. Des guides pratiques à succès décrivent la marche à suivre : le nouveau-né doit déjà dormir seul et attendre sagement son biberon, et il ne faut surtout pas le consoler quand il pleure. Les bébés, nous explique-t-on, doivent apprendre à se séparer de leurs parents, à être patients, à accepter que leurs désirs ne soient pas immédiatement satisfaits. Selon de nombreux experts, si vous ne réfrénez pas les exigences de votre enfant à un âge précoce, vous vous préparez des lendemains tumultueux. Et, comme chacun sait, cet apprentissage entraîne fatalement des larmes supplémentaires.

Cependant, même s'ils croient dur comme fer à leur méthode, ces experts ne vont pas venir habiter chez vous pour s'occuper de votre bébé. Ce sera à vous de vous débrouiller, sans aide matérielle ni soutien moral. Pour ne rien arranger, les communautés solidaires d'autrefois ont cédé la place aux familles monocellulaires de l'ère post-industrielle. Il est interdit d'emmener son bébé sur son lieu de travail et dans tous les endroits où ses cris pourraient gêner. Même les magasins et les transports en commun ne sont guère accueillants pour les enfants.

S'il s'agit de votre premier enfant, il est possible que vous n'ayez guère d'expérience dans la manipulation des bébés (ce qui était mon cas quand j'ai commencé). Vous avez donc besoin d'encouragements et de tolérance. Malheureusement, vos proches, voire de parfaits étrangers, estiment nécessaires de vous expliquer que tout ce que vous faites est mal.

Et vous vous demandez encore pourquoi votre bébé pleure...

– Le saviez-vous ? –

Contrairement au rire, le fait de pleurer est un réflexe inné chez l'enfant. Les petits gloussements et les fous rires sont utiles pour établir des rapports avec l'autre, alors que les larmes sont indispensables à la survie. En effet, ils servent à appeler au secours en cas d'urgence.

Pourquoi les bébés pleurent-ils ?

Dès que le concert commence, les adultes réagissent exactement comme une équipe d'interprètes de l'ONU. Chacun s'efforce de deviner ce que l'enfant en larmes « essaye de lui dire ». Nous croyons ainsi nous rendre utiles, alors qu'il est impossible de résumer avec des phrases ordinaires toute la gamme de sensations du nourrisson. Celui-ci en est encore au stade préverbal, ce qui signifie que tout son visage s'illumine quand il sourit, et qu'il pleure avec l'ensemble de son corps, depuis le sommet de son crâne jusqu'à ses petits orteils recroquevillés.

Que signifient les cris d'un bébé ? Pour lui, il s'agit tout simplement d'un moyen d'expression préverbale et incomplète, une manière de dire : « Je ressens quelque chose. »

Un point, c'est tout. Sa phrase manque de précision, mais comment pourrait-il en être autrement ? Le cerveau humain ne sait pas élaborer des discours dès la naissance, ni formuler des reproches, ni exiger des toasts beurrés ou des draps propres. Il est seulement capable d'établir un dialogue d'ordre corporel avec les êtres qui l'entourent – afin d'obtenir une réaction concrète de leur part. Nos réponses d'ordre corporel aux questions inachevées du nourrisson lui permettent de découvrir le monde extérieur et l'amour. Dès qu'il obtient du réconfort, ses pleurs s'interrompent.

Ne vous laissez donc pas influencer par les conseils et les interprétations de vos proches, même si cela part d'un bon sentiment. Beaucoup de gens estiment qu'il est de leur devoir de mettre leur grain de sel alors que vous ne leur avez rien demandé. Mais ils ont beau avoir beaucoup plus d'expérience que vous et paraître sûrs d'eux-mêmes, il arrive souvent qu'une opinion très arrêtée ne soit rien d'autre qu'un préjugé bien enraciné.

À peine ont-ils établi leur diagnostic que déjà ils vous imposent leurs prescriptions : « Ce bébé a besoin de... » Rien de tel pour vous déstabiliser, surtout si ces conseils sonnent comme autant de critiques, et s'ils vont à l'encontre de vos propres principes.

Heureusement, aucune loi ne vous oblige à vous justifier face aux spécialistes autoproclamés de la petite enfance. Vous avez même souvent tout intérêt à prêter attention à leurs critiques : pourquoi vos choix personnels leur déplaisent-ils autant ? Pourquoi diable ont-ils l'air aussi troublé, aussi mal à l'aise ?

Et pendant que vous y êtes, n'oubliez jamais que tous les conseils (y compris les miens) doivent être adaptés à vos besoins. Suivre à la lettre des lois intangibles revient à transporter de la crème anglaise dans une passoire : il en résultera un épouvantable gâchis, et c'est vous qui devrez tout nettoyer ensuite ! La vogue actuelle des guides pratiques de puériculture n'est qu'un écran de fumée derrière lequel se dissimule notre manque d'assurance en face des nourrissons.

Même s'ils contiennent de bonnes idées, vous devez les soumettre à votre sens critique.

– Le saviez-vous ? –

Dans de nombreuses civilisations, il est très impoli de bombarder de conseils les jeunes parents inexpérimentés. Ainsi, dans les campagnes de Malaisie, les sages-femmes traditionnelles ne donnent leur avis que s'il leur est expressément demandé.

Envahissante culpabilité

Il existe d'innombrables prétextes pour se complaire dans le sentiment de culpabilité. Les mères peuvent éprouver des remords à la suite d'un accouchement difficile ou de problèmes liés à l'allaitement ; les pères, parce qu'ils sont trop souvent absents et qu'ils ne consacrent pas autant de temps qu'ils le souhaiteraient à leur bébé. Certains parents s'en veulent d'élever seuls leur enfant ; d'autres se passeraient volontiers de leur partenaire. Beaucoup s'inquiètent parce qu'ils sont trop vieux, trop jeunes, totalement novices ou complètement dépassés. Ils se préoccupent de leur passé et se font du souci pour l'avenir... Bref, la culpabilité est le sentiment le mieux partagé dans les familles !

Si vous ne vous sentez pas à la hauteur, croyez-moi : vous n'avez peut-être que votre amour à lui offrir, mais *votre bébé n'a besoin de rien d'autre*. Vos bras sont un berceau plus sûr que tous les dispositifs de sécurité ultramodernes ; pour lui, votre peau est plus douce que la soie et votre voix est la première musique qu'il a envie d'entendre.

Certains experts en puériculture estiment que n'importe quel parent possède des qualités « suffisantes ». J'irai plus loin qu'eux en affirmant que vous êtes apte à devenir un parent parfait – pourvu que vous trouviez un soutien adéquat.

Prenez votre temps. Le sentiment de culpabilité peut parfois vous amener à revoir certains aspects de votre rôle de parent. Dans ce cas, vous devrez peut-être changer votre manière d'agir. Mais le plus souvent, il s'agit seulement du vague regret de ne pas avoir pris les bonnes décisions dans le passé – et ce genre d'attitude risque de vous handicaper dans vos activités présentes.

Essayez d'oublier vos problèmes afin de repartir du bon pied aujourd'hui. C'est d'ailleurs ainsi que les bébés et les tout petits enfants abordent cette course de haies qu'on appelle la vie. Si seulement vous pouviez vous observer de l'extérieur, vous constateriez que vous ne vous en tirez pas si mal.

– Le saviez-vous ? –

Une étude américaine a montré que nous consacrons en moyenne deux heures par jour à nous sentir coupables. Selon ses auteurs, le complexe de culpabilité est si paralysant chez certains individus qu'il peut les empêcher d'avoir un comportement normal pendant une demi-heure d'affilée, voire davantage.

N'en faites pas une affaire personnelle

Pourquoi les pleurs d'un bébé nous font-ils autant d'effet ? Ils ont l'étrange pouvoir de précipiter de nombreux parents dans une véritable spirale de souffrances. Si nous pouvions lire à livre ouvert dans les méandres ténébreux de leur cerveau, nous trouverions ce genre de pensées :

Il faut que je lui change ses couches... Il doit avoir soif... Il ne serait pas malade par hasard ?... Il y a quelque chose qui ne va pas... Moi aussi, j'ai quelque chose qui ne tourne pas rond... Mais ce n'est pas possible, il le fait exprès... Il veut me faire marcher au doigt et à l'œil... Je ne m'en sors plus... Je n'y arriverai jamais...

Il est tellement facile pour une maman isolée de confondre sa propre frustration et son propre malaise avec les pleurs de son bébé. De là, à s'estimer maladroite et incapable de s'occuper de son enfant, il n'y a qu'un pas. Ces pleurs lui envoient des messages contradictoires qui peuvent s'attaquer directement à son estime de soi. Et lorsqu'ils s'éternisent, la mère commence à leur donner un sens très éloigné de l'intention initiale du nourrisson. :

Il a trop chaud... Il est fatigué... Il veut tout le temps que je m'occupe de lui... Il a encore faim... Il veut que je le laisse tranquille... Non, au contraire... J'ai besoin de souffler un peu, il finit par m'user... Il a quelque chose qui ne va pas... Mon lait n'est pas assez bon... Je ne suis pas à la hauteur... Je n'y arriverai jamais...

Le bébé n'a pas la moindre idée des conséquences de ses cris primaux sur l'état d'esprit de ses parents. En fait, le nouveau-né réagit tout simplement avec l'un des réflexes les plus puissants dont il dispose. Par la suite, lorsqu'il a acquis une certaine expérience et « appris » à pleurer, il peut très bien continuer sans trop savoir pourquoi.

N'en faites surtout pas une affaire personnelle. Il n'y a dans son comportement aucun reproche dirigé contre vous. Ne croyez pas les gens qui vous disent le contraire. Il ne s'agit ni d'une protestation contre votre prétendue incapacité à remplir vos obligations parentales, ni d'une critique de la nourriture que vous lui donnez, ni d'une confirmation de vos pires cauchemars. C'est tout simplement le début d'un dialogue qui se poursuivra tout le long de vos vies respectives.

– Le saviez-vous ? –

Des scientifiques ont identifié un certain nombre de facteurs familiaux qui contribuent à prolonger les pleurs des bébés. Citons entre autres les tensions entre les parents, le manque d'estime de soi chez la mère, ou encore la dépression post-natale. Bien entendu, ce genre de situation peut facilement déboucher sur un cercle vicieux : si votre enfant pleure à longueur de journée, ces symptômes auront tendance à s'aggraver...

Votre bébé est un être unique

Votre bébé est exceptionnel : il n'y en a pas deux comme lui. Bien qu'il soit gouverné par une série de réflexes, il possède dès la naissance une personnalité en germe. Les scientifiques nous ont appris que le cerveau humain fonctionne grâce à une gamme de cent cinquante substances chimiques, chacune d'entre elles étant légèrement différente de la précédente. En fonction de variations infimes dans ces compositions chimiques, votre enfant sera plus ou moins actif, plus ou moins anxieux, plus ou moins à l'aise avec lui-même et avec le monde étrange qui l'entoure. Et plus ou moins enclin à pleurer comme une Madeleine.

Mais l'humanité ne se résume pas et ne résumera jamais à une histoire de gènes. Presque toutes les caractéristiques individuelles – y compris les particularités à l'évidence héréditaires – subissent l'influence de l'environnement. Par exemple, la taille de votre enfant est programmée, mais avec une marge d'erreur de l'ordre d'une dizaine de centimètres. Sa taille adulte dépendra de son régime alimentaire, de sa santé, d'éventuels traumatismes, de son mode de vie et, curieusement, des conditions climatiques.

Même le nouveau-né est tributaire de son environnement (et je ne fais pas seulement référence à la couleur du papier peint de sa chambre !). Il a déjà emmagasiné toute une série d'expériences : neuf mois dans le ventre maternel, le bouleversement incroyable lié à la naissance, et les quelques jours de contacts avec l'extérieur qui ont suivi.

Sa personnalité et son cerveau sont encore très malléables durant les premiers mois, et même durant les premières années de sa vie : on peut donc en déduire que les expériences postnatales vont contribuer à former l'enfant, puis l'adulte qu'il deviendra plus tard. Certains chercheurs parlent de « santé primale ». Tout ce que vous ferez à votre bébé au cours des premiers mois l'aidera à développer son bien-être et à apprendre à réagir face au monde extérieur.

Quel rapport avec les pleurs ? Il est important que vous gardiez une certaine objectivité avant de porter des jugements trop hâtifs sur votre enfant. Si vous le trouvez un peu grincheux, il est tentant d'expliquer son comportement par des « gènes grognons ». S'il braille à vous percer les tympans, vous pouvez mettre en avant l'héritage de son grand-oncle, réputé pour son tempérament volcanique (même si ledit grand-oncle est mort depuis des lustres). En réalité, votre bébé cherche tout simplement à affirmer sa personnalité – et celle-ci ne se figera définitivement que si vous persistez dans votre opinion et persuadez les autres de ce prétendu atavisme. Vous feriez donc mieux d'essayer de le rassurer, d'autant qu'il existe des méthodes éprouvées pour l'aider à moins pleurer.

N'oubliez jamais que votre bébé est capable de changer, et qu'avec votre soutien il peut adopter de saines habitudes et voire s'épanouir ses potentialités.

– Le saviez-vous ? –

Bien avant de savoir ramper, les nourrissons sont en mesure de faire la différence entre un visage souriant et un visage maussade. Ils peuvent même imiter vos expressions faciales. Ils sont donc extrêmement réceptifs à nos tentatives de communication

---

Comment établir le contact ?

Vous allez devoir faire la connaissance de l'individu unique auquel vous avez donné le jour. Lorsque des adultes se rencontrent pour la première fois, ils discutent de la pluie et du beau temps. C'est la même chose avec un bébé, sauf que les gestes remplacent les mots. Les caresses, les pressions du bout des doigts, les contacts en douceur vont vous permettre d'entrer en relation avec lui.

Aussi étonnant que cela puisse sembler, un père et une mère se comportent avec le nouveau-né comme avec une nouvelle connaissance. Ils touchent ses doigts minuscules avant d'explorer les paumes de ses mains, puis ses bras, ses jambes, et finalement son torse. Ce comportement inné est l'une des raisons qui ont convaincu les scientifiques de l'existence d'un instinct maternel et paternel.

Quand on lui tend son nouveau-né, la jeune maman le presse en général contre son flanc gauche (voir Règle n° 9 : « Cœur à Cœur » p. 161) et lui offre le sein, tout en le caressant et en le regardant droit dans les yeux. La force d'attraction est mutuelle et intense. Ils se trouvent tous les deux à un niveau hormonal très élevé au lendemain de la naissance. Si la mère pose le nouveau-né sur son ventre, celui-ci se débrouille tout seul pour obtenir son premier repas : il rampe lentement vers le mamelon sans l'aide de personne. Cet instinct mystérieux et puissant est en grande partie à l'origine des pleurs qui suivront. Votre bébé cherche à communiquer par le toucher. Il a autant besoin du contact « peau contre peau » que de votre lait, et il est prêt à tout pour l'obtenir.

Le contact peau contre peau ne sert pas seulement à apaiser le nourrisson, il apporte aussi à ses parents de la force, de la confiance en eux et de grandes satisfactions. Des expériences organisées avec des enfants prématurés en Colombie ont montré qu'ils faisaient des progrès remarquables lorsqu'ils se nichaient contre la poitrine dénudée de leurs parents au lieu d'être en couveuse. C'est la fameuse « méthode du Kangourou », qui a permis de sauver de nombreuses vies. En revanche, nous savons moins bien dans quelle mesure elle soulage l'angoisse des parents.

Selon le témoignage de l'encadrement médical, les mères versaient des larmes de joie en serrant dans leurs bras leur minuscule bébé et parlaient d'une véritable renaissance. Les pères étaient également très émus. Lorsque l'un d'entre eux a soulevé son enfant pour la première fois, il s'est exclamé avec ravissement : « Maintenant j'ai l'impression d'être enceint ! »

Ce contact privilégié, ce bonheur sans complexes constituent précisément le coup de fouet dont tous les parents anxieux ont besoin. Lors de la naissance de mon premier enfant, j'aurais aimé que quelqu'un m'explique à quel point il est apaisant et rassurant de serrer son bébé dans ses bras. Ces petites caresses marquent le début de l'intimité. Et les subtils contacts peau contre peau limitent beaucoup le besoin de pleurer, à condition de commencer le plus tôt possible.

– Le saviez-vous ? –

Le contact peau contre peau aide le nourrisson à maintenir une température corporelle idéale, ce dont une couveuse est incapable. Le fait de le tenir en position verticale dégage également ses voies respiratoires et lui assure un grand confort. Pour nouer des liens, il est souhaitable que son père le prenne tous les jours dans ses bras.

LA RÈGLE N° 1 EN BREF

- Du calme ! Ne vous fixez pas des objectifs impossibles à atteindre. Les gens ordinaires ont tout pour être des parents idéaux.
- Le bébé qui pleure ne vous reproche rien. Il essaye simplement de communiquer avec un monde extérieur très déroutant.
- Écoutez les conseils des autres si vous en avez envie, mais ne prêtez aucune attention aux critiques importunes.
- Ne laissez pas le sentiment de culpabilité, les principes ou les échecs sans importance s'interposer entre votre bébé et vous.
- L'un des meilleurs moyens de vous rapprocher de votre enfant consiste à le coller contre votre peau.
- Ne croyez surtout pas que votre bébé brailleur soit programmé pour vous ennuyer. Durant sa première année, il va être modelé par son environnement.
- Laissez-le vous montrer qu'il est un être exceptionnel – et qu'il n'a besoin que d'une seule chose : vous.

Règle n° 2

C’est vous la spécialiste

« La plus haute activité humaine consiste à apprendre en comprenant, car comprendre c'est être libre. »

Baruch SPINOZA,
philosophe du XVIIe siècle

Étudiez la question

Si vous voulez régler le problème des pleurs, vous devez d'abord comprendre comment ils se déclenchent, ce qui implique une véritable enquête policière. Il faut absolument que vous déterminiez ce qui plaît à votre bébé et ce qui lui déplaît, les circonstances qui l'irritent et celles qui provoquent ses hurlements.

En attendant, voici quelques données scientifiques qui peuvent vous être utiles. Comme les pleurs du nourrisson concernent pratiquement tous les jeunes parents dans les pays occidentaux, des recherches ont été activement menées pour en identifier les causes. L'objectif des médecins est toujours de distinguer les vagues rumeurs des faits avérés : ils ont donc pratiqué des expériences sur de vrais bébés afin de découvrir ce qui les met de bonne ou de mauvaise humeur. Certains de leurs résultats risquent de vous surprendre...

- Le nourrisson arrête en général de pleurer quand on le change, mais peu importe si la nouvelle couche est sèche ou mouillée. Ce qui l'apaise, c'est le mouvement et le contact physique.
- Les nourrissons alimentés par une sonde montrent bien que le fait d'avoir l'estomac plein n'interrompt pas automatiquement les pleurs. Hormis la nourriture, ils éprouvent un besoin physique de téter et d'être tenus dans les bras.
- Le nourrisson pleure moins lorsqu'il a bien chaud.
- Le nourrisson pleure davantage si sa mère est stressée.
- Certains bébés aiment être très emmaillotés ; d'autres préfèrent pouvoir se tortiller à volonté. Mais les uns comme les autres sont apaisés par le contact physique.
- L'idée que les aînés pleureraient davantage du fait de l'inexpérience de leurs parents est une légende. Tous les enfants d'une même famille peuvent y être sujets.
- En laissant un enfant « pleurer tout son soûl » sans le réconforter, on l'entraîne dans bien des cas à pleurer plus longtemps. Il est presque toujours plus efficace de lui apporter une réponse tactile rapide.

L'un des enseignements communs à toutes ces découvertes est l'importance du contact physique. Curieusement, votre bébé a beau être programmé pour s'autoprotéger, il ne se soucie guère de lui-même. Ce qu'il désire par-dessus tout, c'est entrer en contact avec vous.

– Le saviez-vous ? –

À la différence d'autres mammifères, l'être humain est totalement dépendant à la naissance. Selon les spécialistes de l'anatomie des primates, il nécessite une période de gestation de vingt et un mois : neuf mois dans le ventre maternel, puis douze mois de soins attentifs à l'extérieur de l'utérus. Ainsi s'explique son besoin vital de câlins et de réconfort.

Qu'est-ce qui est normal ?

Les parents ont désespérément besoin de s'entendre dire que les pleurs de leur bébé sont tout à fait normaux. Nous sommes si nombreuses à nous débrouiller toutes seules, sans oser partager nos craintes, nos victoires et nos chagrins. Nous voulons juste savoir que notre cas n'est pas isolé.

De ce point de vue, il n'y a pas d'inquiétude à avoir. Des études ont montré que les larmes des bébés américains, britanniques et australiens pourraient former un fleuve comparable au Mississippi. En outre, ils hurlent des heures entières, avec une prédilection pour certains moments de la journée. En nous fondant sur ce type de statistiques, nous pouvons dégager un modèle que nous qualifierons de normal...

- Des chercheurs de Manchester ont établi que les nourrissons de six semaines pleurent en moyenne quarante-trois minutes par jour (mais la fourchette est gigantesque, puisqu'elle va de cinq minutes à cinq heures). Les enfants qui pleurent le plus à l'âge de six semaines continuent en général sur leur lancée. Mais à la fin de leur première année, cette durée est inférieure à cinq minutes dans un quart des cas.

- Une autre étude, menée à Londres, a montré que les nourrissons âgés de huit semaines pleurent en moyenne deux heures et quinze minutes par jour (la fourchette s'étend de cinquante minutes à six heures). Au-dessous de trois mois, les périodes les plus favorables sont la fin d'après-midi et le soir. Le premier pic a lieu à l'âge de deux mois – et il y en a un second à l'âge de neuf mois pour les bébés particulièrement tapageurs. Aussi étonnant que cela puisse sembler, 14 % des sujets observés pleuraient au moins quatre heures par jour.

- L'anthropologue Sheila Kitzinger a suivi 1 400 familles en Australie et en Grande-Bretagne, et sa fourchette varie de une à six heures par jour. Il existe selon elle un rapport entre les pleurs intensifs et le stress subi durant la grossesse. D'autres scientifiques mettent en avant les traumatismes de la naissance.

- L'ethno-pédiatre Meredith Small estime que, dans les pays occidentaux, les nouveau-nés pleurent vingt-deux minutes par jour durant les trois premières semaines, et que cette moyenne diminue ensuite pour s'établir à quatorze minutes vers la fin du troisième mois. Par ailleurs, il apparaît que les bébés du monde entier pleurent surtout dans la soirée.

Si les pleurs sont normaux quel que soit le pays étudié, il faut tout de même préciser qu'ils n'atteignent pas partout la même intensité. Ainsi, les bébés pleurent moins longtemps chaque jour en Afrique et dans les régions rurales de l'Asie qu'en Europe et en Amérique du Nord. Voici quelques exemples :

- Une étude menée au Kenya sur une longue période a établi que les bébés pleuraient deux fois moins qu'aux États-Unis.
- Des recherches menées sur les nourrissons d'une région du Mexique n'ont permis de déceler aucune forme de pleurs intensifs.
- Selon une étude comparative, les bébés des populations nomades africaines pleurent beaucoup moins longtemps que ceux des Pays-Bas et des États-Unis. Des résultats qui s'appliquent aussi bien à chaque crise de larmes qu'à la durée moyenne quotidienne.
- Les nourrissons coréens (par exemple à l'âge de deux mois) ne présentent aucun signe de colique, de pleurs en fin de journée ou de pics caractéristiques.

Toute personne ayant voyagé en Amérique du Sud, en Asie ou en Afrique vous le confirmera : on y entend rarement des bébés pleurer, sauf quand ils sont malades. Nous avons donc sans doute oublié des choses dont les parents se souviennent dans les autres civilisations. Et c'est ce savoir disparu qu'il va nous falloir explorer...

– Le saviez-vous ? –

Dans les légendes celtiques, les fées volent souvent des enfants humains et leur substituent de petites créatures toutes ratatinées qui « poussent des hurlements pitoyables », et que l'allaitement maternel ne parvient jamais à satisfaire. Il est possible que ces personnages mythologiques soient inspirés du nourrisson inconsolable.

Les raisons de pleurer

Certains experts classent les pleurs enfantins en un nombre limité de catégories. Cette initiative pourrait être utile s'ils se mettaient tous d'accord sur une même liste – faute de quoi leurs classements ne peuvent que vous ennuyer, vous égarer et vous empêcher de démêler le vrai du faux. Les quelques exemples suivants devraient vous en convaincre :

- Nanny Gina Ford retient cinq catégories : faim, fatigue, épuisement, ennui, vents.
- Le zoologue Desmond Morris en énumère sept : douleur, inconfort, faim, solitude, excès de stimulation, manque de stimulation, frustration.
- Pat Gray, la fondatrice de l'association britannique d'aide aux parents Crysis, propose un inventaire beaucoup plus détaillé : complications néonatales, immaturité, faim, colique, niveau sensoriel trop bas, frustration et ennui, infections et maladies, inadaptation physique, douleur ou inconfort, agitation excessive, allergies, effets

secondaires des médicaments, angoisse des parents.

- Un appareil récemment mis au point utilise un petit micro afin d'analyser la puissance et la fréquence des pleurs, puis de les classer en cinq catégories : faim, ennui, inconfort, envie de dormir et stress.

- Pour compliquer encore un peu les choses, la psychologue américaine Aletha J. Solter estime que les pleurs des enfants, loin d'entrer dans l'une ou l'autre de ces grilles explicatives, correspondent à un besoin naturel de relâcher la tension. Selon elle, il ne faut donc pas tenter de faire taire un bébé en le suralimentant ou en le secouant comme un prunier. « L'erreur la plus souvent commise par les parents, écrit-elle, consiste à croire que les pleurs indiquent toujours l'existence d'un besoin urgent. »

Alors, qui a raison ? Une liste vraiment complète inclurait tous les facteurs énumérés ci-dessus, car un bébé peut pleurer pour de multiples causes : les unes faciles à identifier et donc à éliminer, les autres enracinées plus en profondeur et plus complexes. Les pleurs du bébé varient en fonction des situations données et évoluent avec l'âge : le simple réflexe se transforme en protestation plus élaborée, avec des significations plus subtiles et un contenu émotionnel plus riche.

Il faut également tenir compte du tempérament de l'enfant. Dans tous les pays du monde, les parents s'accordent à dire que certains nourrissons sont plus « difficiles » que les autres. Heureusement, une mère est mieux équipée que n'importe qui pour interpréter les pleurs de son bébé. La plupart des gens sont à même d'identifier un cri de douleur suraigu, mais les études scientifiques montrent que la mère comprend le langage du nourrisson (il existe entre eux un lien d'ordre hormonal). Même s'il s'agit de son premier enfant, elle possède toutes les qualités requises pour élucider les énigmes de la petite enfance.

– Le saviez-vous ? –

Les manuels de puériculture de la fin du XIXe siècle et du début du XXe expliquaient que les bébés pleuraient pour exercer leurs poumons. Ainsi, on peut lire dans un de ces ouvrages publiés vers 1912 : « Ces vociférations obligent les enfants à renforcer leurs poumons et à faire travailler leurs organes respiratoires... »

D'un extrême à l'autre

Quand un bébé pleure, il parvient à un degré supérieur d'excitation. Et sa pauvre maman aussi, à son corps défendant ! Des tests ont montré que le rythme cardiaque d'une femme enceinte s'accélère dès qu'elle entend hurler un nourrisson ; après la naissance, elle devient hypersensible aux émissions vocales de son propre bébé. Et elle apprend vite leurs diverses significations.

Le but des pleurs est de susciter une réaction chez les adultes – et c'est exactement ce qui se produit. Leur ton suraigu et leur répétition nous tapent sur les nerfs et résonnent jusque dans notre moelle épinière. Par la suite, le même phénomène se répétera lorsque votre fille ou votre fils adolescent écoutera de la musique à pleins décibels.

Le résultat des pleurs dépend des circonstances, de votre humeur, de votre éducation, des guides pratiques que vous avez lus, des conseils de vos amis et des membres de votre famille, de la manière dont vous êtes secondée et de votre sens de la dignité.

D'autres facteurs peuvent entrer en ligne de compte. Le pays où votre enfant a vu le jour (et parfois même le climat) est très important. Ainsi que les modes en vigueur à telle ou telle époque : la tendance est-elle aux règles strictes ou à une certaine décontraction ? Les pleurs du nourrisson révèlent la meilleure part chez chaque parent, mais aussi la pire, et c'est par le biais de ces expériences initiales que les enfants apprennent les règles du jeu.

Intéressons-nous quelques instants aux deux positions extrêmes. La première consiste à ne leur accorder aucune attention. Dans les années 1920 et 1930, les experts recommandaient d'intervenir en cas de problème sérieux, mais d'ignorer les braillements dans tous les autres cas de figure. On laissait donc les nourrissons hurler dans leur landau au fond du jardin, quelquefois pendant des heures. Et on estimait que les enfants qui arrêtaient de pleurer quand leur mère les prenait dans ses bras étaient de sales moutards – de « méchants garnements », pour reprendre l'expression de l'historienne Christina Hardyment.

Une de mes amies se rappelle avoir été abandonnée, couchée sur le dos, dans un coin du jardin. Elle revoit encore les branches des arbres agitées par le vent au-dessus de sa tête. Elle savait très bien que personne ne viendrait, mais elle continuait tout de même à hurler. Et les souvenirs de sa petite enfance lui laissent un arrière-goût amer.

Dans le jargon des spécialiste, ce type de comportement est qualifié d'« anti-intuitif ». Autrement dit, il va à l'encontre de nos instincts animaux. Si certains pensent qu'il faut dresser les enfants, d'autres estiment que le processus d'apprentissage doit commencer en douceur, et qu'il faut donc satisfaire les besoins du nourrisson plutôt que de les contrarier systématiquement.

À l'autre extrême, nous trouvons les parents qui portent en permanence leur bébé dans un kangourou ou dans leurs bras, qui dorment à côté de lui et qui réagissent instantanément au moindre signe de faim ou d'inconfort. Cela fait des milliers d'années que des femmes portent presque en permanence leur enfant, et aujourd'hui encore il s'agit de la façon de traiter les nourrissons la plus répandue à travers le monde. C'est d'ailleurs la méthode idéale pour étouffer les hurlements dans l'œuf, avant que le bébé n'ait le temps de hausser le volume !

Quand vous êtes au bord du désespoir, il vous suffit de songer à ces deux méthodes diamétralement opposées – distance systématique ou contact permanent – pour retrouver le moral, puisqu'il existe une infinité de solutions intermédiaires, et que l'une d'entre elles correspond obligatoirement à votre situation.

Quoi qu'il en soit, sachez que plus vous aurez de contacts avec votre bébé, plus vous obtiendrez de résultats positifs sur le long terme.

– Le saviez-vous ? –

Au Japon, la relation entre la mère et son bébé est depuis toujours si étroite que les anthropologues parlent d'une affaire de « peau ». Les jeunes mères ont tendance à adopter un kangourou ventral, mais la technique traditionnelle consistait à attacher le nourrisson sur son dos.

Décrochez votre téléphone !

On compare souvent les pleurs du nourrisson à un signal d'alarme. Mais quand une sirène retentit, vous êtes tentée de déguerpir à toutes jambes en agitant les bras dans tous les sens et donc à oublier votre bébé... Il vaut donc mieux vous rabattre sur une métaphore moins dramatique, et imaginer que ses cris sont l'équivalent de la sonnerie de votre portable. Dans ce cas, il vous suffit de localiser la touche sur laquelle est dessinée un petit téléphone vert. Pourquoi diable auriez-vous peur de décrocher ?

« Si c'était aussi simple, me direz-vous, si mon bébé était un portable, pourquoi la Nature l'a-t-elle muni d'une sonnerie aussi assourdissante ? Un nouveau-né a un cerveau à peine formé, il est d'une incroyable vulnérabilité, il dépend totalement de ses parents, et pourtant son seul moyen de communication est un hurlement capable de traverser deux portes fermées et de couvrir le son d'une télévision dont on a poussé le volume à fond ! Ses pleurs incessants ne me donnent pas envie de me précipiter vers son berceau, mais de m'enfuir séance tenante ! Bref, j'aimerais bien savoir ce qui a conduit la Nature à créer un téléphone portable aussi terrifiant. »

Nous savons tous qu'entendre un marmot brailler pendant des heures est un véritable supplice, et que ces champions des vocalises ont tôt fait de s'aliéner la sympathie des personnes censées prendre soin d'eux. Quand on songe aux malheureux parents dont la progéniture s'époumone quatre heures par jour, voire davantage, on est en droit de s'interroger sur les desseins secrets de la Nature.

Cependant, il faut aussi se demander pourquoi ce système appel-réponse a fonctionné à merveille pendant des millénaires. Il a fallu attendre les années 1920 pour que des théoriciens conseillent de n'apporter aucune réponse aux appels du nourrisson. Une version plus souple de cette méthode, très en faveur de nos jours, prône le « contrôle des pleurs ». Elle se résume à laisser le bébé « se fatiguer » pendant un nombre prédéterminé de minutes, avant d'aller le chercher. L'objectif est de lui apprendre qu'il est inutile de pleurer.

Malheureusement, ces méthodes rigoureuses ne lui inculquent pas seulement la soumission. Elles lui enseignent aussi qu'il doit être « gentil », et que « gentil » signifie passif. Elles risquent également de le convaincre qu'il ne sert à rien d'essayer de communiquer ses besoins (c'est ce qu'on appelle le syndrome de l'« impuissance acquise »), et que le monde est un endroit hostile dans lequel il n'est pas vraiment le bienvenu. Elles peuvent entraîner des comportements autodestructeurs, et l'encourager à se cogner la tête ou à se balancer sans cesse d'avant en arrière.

Bien sûr, il est beaucoup plus compliqué d'élever un enfant que de répondre au téléphone. Celui-ci ne sonne pas plus fort ni avec plus d'insistance si vous ne décrochez pas. Et si cette sonnerie peut provoquer une accélération de votre rythme cardiaque, elle vous conduit rarement aux portes de la panique ou du désespoir. Votre téléphone est également incapable de se taire brusquement et de vous adresser un sourire radieux. Aucune comparaison ne peut donner la moindre idée de la relation qui s'établit avec un bébé bien vivant.

Cela dit, si l'on en croit des témoignages incontestables provenant de tous les coins de la planète, les enfants qu'on prend dans ses bras et qu'on porte pendant des heures pleurent moins que ceux dont on ignore les hurlements.

Pour tirer des applications pratiques d'idées vieilles comme le monde, il nous faudra donc voyager dans le temps et dans l'espace, et étudier des civilisations où les techniques d'éducation traditionnelles sont toujours en vigueur. Envisager l'avenir ne se résume pas à suivre aveuglément les modes de notre société moderne : nous devrons aussi ouvrir notre cœur et notre esprit à des expériences très variées.

Nous essayerons de comprendre pourquoi les pleurs sont bénéfiques dans certains cas ; pourquoi les parents d'un nourrisson ont besoin d'un soutien extérieur ; pourquoi les bébés peuvent souffrir de coliques ; pourquoi il est si important de recourir aux massages, aux berceuses, au contact peau contre peau, et de dormir ensemble. Nous apprendrons à interpréter les pleurs du bébé, à surmonter les passages difficiles et à profiter au maximum des bons moments. Car il y aura de bons moments, je vous le promets.

– Le saviez-vous ? –

Des anthropologues qui ont étudié le peuple Ikung San dans le désert du Kalahari ont remarqué qu'il suffit de quelques secondes aux femmes pour apaiser leur nourrisson. Elles jouent instinctivement leur rôle dans le système traditionnel appel-réponse, et ne cherchent nullement à leur inculquer les principes modernes en vertu desquels la récompense ne vient qu'après une longue patience.

LA RÈGLE N° 2 EN BREF

- C'est vous la spécialiste. Assimilez tous les faits relatifs aux pleurs, et vous supporterez beaucoup plus facilement ceux de votre bébé.
- Les pleurs infantiles sont un phénomène normal, mais vous pouvez tirer des leçons très utiles des peuples qui ne laissent jamais hurler leurs nourrissons.
- Il existe des milliers de théories différentes, mais l'intuition des parents est de loin le critère le plus précieux.
- De nombreuses civilisations recourent au contact physique pour limiter les pleurs au strict minimum. Durant des décennies, les Occidentaux ont tenté de réduire ces contacts avec l'espoir de parvenir au même résultat.
- Les deux solutions extrêmes consistent soit à ignorer les pleurs du bébé, soit à le porter sur soi en permanence. L'une des innombrables solutions intermédiaires devrait vous convenir.

Règle n° 3

Votre bébé a droit à la parole

Rachel berce la petite Emma, qui n'arrête pas de pleurer.

Monica : Essaye de lui redonner à manger.

Rachel : Je viens de lui donner.

Monica *(énervée)* : Je sais. C'est pour ça que je t'ai dit « redonner ».

Phoebe : Vous n'allez quand même pas vous battre toutes les deux ? *(Elle pointe un doigt accusateur sur le bébé.)* Elle n'attend que ça !

Friends, série télévisée américaine, 2002.

Les bébés adorent la routine : ce sont les horaires qu'ils n'apprécient guère

N'oubliez jamais qu'un bébé a essentiellement besoin d'amour. La seule routine qui lui soit nécessaire, c'est la présence d'un être humain plein d'affection à son égard, qui le prenne dans ses bras pour chasser ses frayeurs. En d'autres termes, il est avide de contacts. Bien loin de le gâter, les câlins ne feront que lui donner la force sur laquelle il devra un jour compter pour accéder à l'indépendance.

On ne s'occupe jamais assez d'un bébé. Mais les parents du XXIe siècle sont débordés, et ils donc doivent décider combien de temps ils sont prêts à lui consacrer. Les jeunes mères et les jeunes pères, un peu perdus au milieu des diverses méthodes qui s'offrent à eux, peuvent être tentés de choisir une approche très concrète et dogmatique. Dans ce cas, ils suivront une méthode aussi stricte qu'un régime amaigrissant, avec des listes d'obligations et d'interdictions, et un encadrement minutieux de leurs moindres gestes. Et ils croiront bien sûr à ce qu'on leur promet, à savoir un bébé qui dort comme un loir, qui ne pleure presque pas et qui ne leur cause aucun souci.

Hélas ! le sommeil, la faim et l'humeur des nourrissons obéissent à des horaires aussi peu prévisibles que l'arrivée des trains en gare... Les programmes minutés que préconisent certains experts peuvent être une source de stress inutile et mènent souvent tout droit à l'échec. Depuis que ce genre de guide pratique est à la mode, les conseillères en allaitement et en comportement néonatal reçoivent un nombre croissant d'appels au secours de jeunes mamans dont le bébé refuse de se plier aux règles.

La vogue de l'emploi du temps à suivre aveuglément est tout à fait compréhensible dans une société où s'affrontent de nombreuses théories contradictoires. Pour ma part, je serais incapable d'élaborer un programme adapté à tous les parents désespérés et à tous les enfants malheureux. Le meilleur emploi du temps est le plus souple, celui qui peut évoluer en fonction de l'expérience. Il résulte d'une relation authentique avec un bébé bien réel.

L'une des premières tâches incombant aux parents consiste à faire connaissance avec le nouveau-né – ce qui est presque impossible si votre vie est dominée par des règles absolues, et si vous consultez systématiquement votre montre avant de répondre aux appels de votre enfant. Ne laissez aucun livre ni aucune méthode s'interposer entre vous et lui. Ces rapports initiaux correspondent obligatoirement à une succession de tâtonnements, d'erreurs, de malentendus et de succès. C'est une sorte de lune de miel que vous pouvez faire durer aussi longtemps que vous le souhaitez.

– Le saviez-vous ? –

L'idée de régler la vie du bébé sur une horloge remonte à la fin du XIXe siècle. Voici ce que préconisait un auteur de l'époque victorienne tel que le Dr Pye Henry Chavasse : « La mère doit allaiter son nourrisson à heures fixes. C'est une mauvaise habitude que de lui donner le sein chaque fois qu'il pleure, sans se préoccuper de la cause de ses cris... » Pourquoi ne pas essayer, au contraire, de ne plus regarder l'heure pendant une journée entière ? Après tout, c'est la méthode employée aujourd'hui encore sur la majeure partie de la planète.

Les bébés ne sont que des bébés

Au lieu de vivre au présent avec leur bébé, de nombreux parents se préoccupent de l'avenir. En répondant à son moindre appel, en le portant à longueur de journée, en le câlinant durant la nuit, ils craignent de créer des « habitudes » dont il ne pourra plus se débarrasser.

Ils ont tort, bien entendu. Car en matière d'éducation du nourrisson, il faut s'en tenir à aujourd'hui.

C'est vous l'adulte, et vous serez donc capable de virer de bord dès que le besoin s'en fera sentir. La petite enfance exige des soins de tous les instants, dont l'enfant plus âgé se passera très volontiers. Nous mettons des couches aux bébés sans penser qu'ils n'en auront plus besoin quand ils auront vingt-cinq ans. Nous leur donnons des petits pots de purée de fruits en sachant qu'ils mangeront bientôt des aliments plus consistants.

Plus vous apporterez de sécurité à un nourrisson, plus il prendra d'assurance. La formule est simple comme bonjour, et elle marche fort bien. Plus tard viendra le temps du sevrage, de l'indépendance, de la discipline et de la responsabilité. Mais il faut d'abord le laisser se comporter comme un bébé.

Les jours où il demande un peu plus d'attention, accordez-la-lui. Les nuits où il dort moins bien que d'habitude, prenez votre mal en patience. Vous ne trouverez nulle part dans ce livre de règles comportementales. Les nourrissons n'ont pas besoin de règlement car ils s'autorégulent d'eux-mêmes. Il est tout de même plus agréable de partir de ce point de vue que de s'infliger de longs mois d'angoisses et de doutes.

Une jeune journaliste m'a un jour demandé comment les bébés apprennent à s'endormir. J'ai dû lui expliquer qu'ils n'ont pas besoin d'apprendre : ils s'endorment déjà dans le ventre maternel et continuent sur leur lancée après la naissance. Elle était stupéfaite. L'idée selon laquelle il faudrait enseigner les techniques d'assoupissement au bébé est très répandue, ce qui montre à quel point nous avons tendance à mal interpréter ses besoins. Il ne proteste pas parce qu'on le couche, mais parce qu'on le couche tout seul.

Il en est de même pour l'allaitement. Certains professionnels de santé sont opposés à la satisfaction systématique des demandes des nourrissons. Pourtant, l'allaitement maternel donne ses meilleurs résultats dans les civilisations qui n'apportent aucune restriction à la fréquence et à la durée des tétées. La plupart des bébés aiment s'alimenter souvent et par petites quantités [1]. Pourvu qu'elle soit équipée d'un vêtement lâche et d'un esprit ouvert, une mère peut nourrir son enfant n'importe où sans que personne ne s'en rende compte.

Songeons aux nourrissons d'Asie, d'Afrique et d'Amérique du Sud – qu'on entend pleurer si rarement. Ils ne diffèrent en rien des nôtres et n'ont pas la moindre idée du continent sur lequel le hasard les a fait naître. La seule chose qui les distingue, c'est que leurs parents ne cherchent pas à brider leurs désirs et les laissent mener leur vie de bébé pendant des mois, voire des années – certains qu'ils cesseront d'être aussi exigeants quand le moment sera venu. Comme ils ne leur refusent rien, leurs enfants n'ont aucune raison de pleurer.

Les bébés se prennent pour le centre de l'univers. Nous voyons les choses différemment, bien sûr, mais pourquoi les priver de leurs illusions infantiles ? Pourquoi les petits d'hommes n'auraient-ils pas le droit de rechercher le plaisir, de satisfaire leur ego, et de forger ainsi leur personnalité ? Je ne conteste pas qu'ils soient de vraies éponges capables d'absorber jusqu'à votre dernière parcelle d'énergie, mais n'oubliez pas que plus vous donnerez, plus vous recevrez de bonheur. Je suis

1. Les enfants nourris au biberon ont un comportement différent. Ils ont tendance à téter moins fréquemment et de manière plus régulière, mais ils apprécient tout autant les câlins et les contacts physiques.

intimement convaincue que pour avoir ensuite des enfants équilibrés et indépendants, il faut d'abord les gaver de tendresse.

Nous devons avoir confiance en nos enfants à tous les stades de leur développement. Au bout du compte, ils deviendront tous des adultes.

– Le saviez-vous ? –

Les bébés humains, comme ceux des singes, sont programmés pour répondre à leurs parents selon trois stades qui se chevauchent les uns les autres : 1°) réflexes primaires ; 2°) manifestations d'affection (sourire, gazouillis, etc.) ; 3°) recherche de la sécurité (confort et protection). C'est ensuite qu'ils accéderont à l'indépendance. Selon la sociologue Ashley Montagu : « Chez les jeunes animaux, l'expérience essentielle pour le développement ultérieur réside dans le contact physique avec la mère... »

Prenez le rythme !

N'essayez surtout pas de jouer les patrons : vous n'êtes pas au bureau. Bien sûr, c'est vous qui êtes responsable, mais les rapports que vous allez établir avec votre bébé n'ont rien de hiérarchiques. Ils tiennent davantage de la danse, du dialogue, de l'échange, et ce serait vraiment dommage de gâcher ces premiers mois merveilleux en les transformant en une simple tâche à accomplir.

Le meilleur moyen de profiter au maximum de votre enfant, c'est de prendre son rythme ; de cette manière, il s'adaptera lui aussi au vôtre. À l'inverse, vous n'arriverez jamais à vous synchroniser tous les deux si vous l'obligez à téter quand il n'a pas faim, à dormir quand il n'a pas sommeil et à bavarder quand il n'est pas d'humeur à ça. C'est pourtant ce que préconisent les tenants des programmes imposés, avec au bout du compte d'inévitables tensions.

Peut-être éprouvez-vous le désir de reprendre la maîtrise des événements au lendemain de l'accouchement. Vous voudriez pouvoir dormir davantage, vous habiller avant midi, sortir de chez vous et même voir des amis de temps en temps... ; vous avez même parfois l'impression que vous ne retrouverez jamais une existence ordinaire. Pourtant, tout cela est possible, même si les besoins de votre bébé demeurent votre priorité absolue.

Paradoxalement, la maman désireuse de respecter un emploi du temps très strict en devient parfois l'esclave. Elle ne peut pas sortir pendant la sieste de son bébé. Comme elle l'allaite à heures fixes, elle doit supporter ses hurlements affamés entre les tétées. Certains auteurs lui enjoignent même de faire sa lessive à une heure décidée à l'avance. Elle peut ainsi organiser sa vie quotidienne, mais elle perd beaucoup de liberté et de souplesse.

Il existe une autre solution. Si vous gardez votre bébé près de vous, en privilégiant au maximum les contacts physiques, vous disposerez de beaucoup plus de latitude pour vaquer à vos occupations personnelles. Un nourrisson qu'on porte en permanence est très calme et facile à vivre. Il pique un petit roupillon chaque fois qu'il en a envie, il tète quand il a faim, et il pleure beaucoup moins. Vous n'aurez plus besoin de l'« entraîner » ni de vous inquiéter de vos éventuelles erreurs. Ainsi il s'adaptera rapidement, et en douceur, au rythme qui vous conviendra.

Votre bébé sera au paradis, sans que vous soyez précipitée en enfer !

– Le saviez-vous ? –

Lorsque des chercheurs ont demandé à des mères égyptiennes combien de fois par jour elles allaitaient leur bébé, elles ont été bien en peine de leur répondre. L'idée de minuter leurs journées ne leur avait jamais traversé l'esprit. À l'inverse, les mères qui suivent à la lettre le programme préconisé par Gina Ford savent qu'elles doivent ouvrir les rideaux de leur enfant à 9 h 45, tirer 55 millilitres de lait de leur second sein à 10 h 30 et laisser leur bébé téter à volonté à 17 h 45...

Est-ce qu'il y a quelqu'un ?

Une théorie très en vogue autrefois voulait que les pleurs soient profitables aux bébés car ils leurs permettaient d'exercer leurs poumons. C'était oublier la production d'hormones liées au stress, le raidissement chronique des membres que l'enfant agite sans jamais trouver de réconfort, et les effets négatifs d'un comportement qui le conduit à pleurer chaque fois qu'il a envie de quoi que ce soit.

Un bébé n'est pas conçu pour pleurer plusieurs heures par jour. Si c'est le cas, cela signifie que le système appel-réponse ne fonctionne plus et que le nourrisson lance des messages désespérés. Les hurlements infantiles constituent l'un des signaux d'alarmes les plus efficaces dont nous ait pourvus la Nature, et il est surprenant qu'autant de parents occidentaux se soient habitués à les accepter ou à les ignorer. (Évidemment, notre attitude résulte de l'observation des autres parents et de l'acceptation de leurs théories, car en cette matière les erreurs sont très contagieuses.)

Comme la Nature souhaite éviter un tel calvaire aux bébés, elle a prévu toute une série d'étapes, afin que nous nous rendions compte de la situation et que nous réagissions avant qu'elle ne s'aggrave :

1. Le nourrisson commence à se tortiller et à gigoter.
2. Il pousse des grognements, remue la tête et paraît très mal à l'aise.
3. Il donne des coups de pied et s'agite de plus en plus.
4. Son visage se plisse, et l'on devine les premiers sanglots en sourdine. Quelques larmes peuvent couler.
5. Il se met à pleurer plus fort.
6. Si personne n'intervient, les hurlements prennent leur rythme de croisière et deviennent difficiles à apaiser.
7. Les pleurs prolongés acquièrent une grande régularité, sur le modèle « la-la » ou « wa-wa ».
8. Les jambes du bébé se rétractent, comme s'il souffrait, et il arrive que son visage rougisse et grimace.
9. Au stade ultime, il pousse des cris désespérés, comme si sa vie était menacée.

Lorsque les parents ont le droit de laisser parler leur intuition et leur sensibilité (plutôt que d'obéir à un emploi du temps rigide), ils interviennent en général au stade n° 4. Si l'enfant est tenu dans les bras ou porté dans un kangourou, ils peuvent même anticiper les pleurs dès le stade n° 1.

Le stade n° 9 devrait être exceptionnel. Or, il est atteint quotidiennement par de nombreux enfants, et en particulier par ceux auxquels on impose des horaires stricts. Ils se mettent à hurler de toutes leurs forces à la moindre contrariété, car ils savent que les signaux préliminaires seront systématiquement ignorés.

Voilà pourquoi je vous le répète une fois de plus : nos enfants ont droit à la parole, et ce qu'ils ont à nous dire mérite toute notre attention.

– Le saviez-vous ? –

Les scientifiques estiment qu'un bébé pleure en moyenne 4 000 fois au cours des deux premières années de sa vie. Bien entendu, ses parents profitent de ces 4 000 concerts...

Apprendre à pleurer

Les mères issues des autres civilisations ne comprennent pas pourquoi nous laissons nos enfants pleurer, et encore moins comment des experts en arrivent à préconiser une telle attitude. Les Sioux du Dakota, par exemple, disent que les Blancs « apprennent à pleurer à leurs enfants ». Et ils se plaignent de l'usage en vigueur dans les hôpitaux américains, qui veut que le nouveau-né soit séparé de sa mère ; selon eux, cette pratique conduit le bébé sioux, très calme d'ordinaire, à « hurler comme un petit Blanc ».

Au Kenya, les femmes de la tribu des Gusii ne laissent jamais leurs enfants pleurer. Leur but est d'avoir un bébé paisible et coopératif, et elles agissent en conséquence. Elles les portent à longueur de journée et réagissent au moindre sanglot. Quand on leur a projeté un film vidéo montrant une mère américaine en train de changer la couche d'un nourrisson qui s'égosillait, elles ont manifesté un vif désarroi. Elles se demandaient pourquoi ni sa mère ni sa grand-mère ne parvenaient à l'apaiser en quelques instants. De fait, elles ignoraient que les bébés américains n'ont pas l'habitude de recevoir un réconfort immédiat. L'expérience leur a appris que personne ne se souciait de leurs premiers signaux et qu'ils devaient donc passer directement à la sirène d'alarme.

Les bébés dont les besoins sont rapidement satisfaits mettent beaucoup plus longtemps à dérouler toute la gamme des signes d'inconfort. Curieusement, ils s'habituent ainsi à prendre patience. Aussi paradoxal que cela puisse sembler, plus vous réagirez rapidement, plus votre bébé deviendra patient. De manière subtile et progressive, il gagnera en maturité.

– Le saviez-vous ? –

Le fait de laisser un nourrisson pleurer est tabou chez de nombreux peuples. Selon une tradition jamaïcaine, le bébé qui hurle tout seul dans son coin risque d'être emporté par les fantômes.

Certaines futures mamans ont la science infuse. Moi aussi, je croyais avoir déjà tout pigé avant la naissance de mon premier enfant. J'avais lu dans un magazine très sérieux que le point essentiel se résume à ne pas avoir de plantes vénéneuses dans son jardin. J'étais extrêmement fière de mes connaissances, qui se limitaient pourtant à cette unique information. Malgré mes diplômes universitaires et mon amour des enfants, je n'avais pas la moindre idée de ce qui m'attendait.

Je m'imaginais naïvement que je continuerais à travailler chez moi, avec mon bébé sagement endormi dans son couffin à côté de mon bureau. Mais je n'ai pas tardé à m'apercevoir qu'une bonne partie de mes neurones s'étaient liquéfiés pendant la grossesse et que l'accouchement avait réduit le reste en fumée. J'étais incapable de lire un magazine, et *a fortiori* d'écrire un article, ce qui est plutôt ennuyeux pour quelqu'un qui vit de sa plume.

Quand je donnais le sein (ce qui représentait le plus clair de mes journées), je restais assise pendant des heures à regarder la poussière s'accumuler sur les meubles du séjour. J'avais commandé une superbe poussette, mais comme elle pesait une tonne et qu'il avait fallu trois spécialistes pour réussir à la monter, je ne sortais pratiquement pas de la maison. J'ignorais encore les vertus du kangourou. À quoi sert de connaître par cœur la liste des plantes vénéneuses si l'on ne peut même pas ouvrir la porte de chez soi ?

Et puis j'ai fini par me rendre compte que l'oisiveté, l'observation et l'attente peuvent être des moments agréables et très relaxants. Depuis, bien des années ont passé, et je sais aujourd'hui que même les grands enfants consomment une bonne part du temps et de l'énergie maternels. Cette période initiale était en fait un apprentissage du métier de parent. Coincée sur mon canapé, entre mon bébé et un verre d'eau pour étancher une soif inextinguible, j'avais le loisir de m'adapter à mon nouveau rôle. Car j'étais une mère, désormais.

Mais dès que ma petite fille se mettait à pleurer, mon calme apparent volait en éclats. Mon pouls s'accélérait, le désespoir me gagnait, je ne savais plus quoi faire. Ma meilleure amie, Frédérique, qui avait déjà deux enfants, s'emparait de Frances et réussissait à l'apaiser en quelques instants. Je me sentais inutile. J'aurais voulu acquérir sa technique, j'aurais voulu être dans sa peau. Je ressentais la même chose que Rachel, qui tente de calmer sa petite Emma dans un épisode de *Friends*, jusqu'à l'arrivée de son amie Monica :

Rachel : Oh ! mon Dieu, je ne suis vraiment bonne à rien ! Je ne suis même pas capable de réconforter mon propre bébé ! Je suis la plus mauvaise mère de tous les temps !

(Le bébé s'apaise dans les bras de Monica.)

Rachel : Mais tu as réussi à la faire taire !

Monica *(très fière d'elle-même)* : Eh oui !

Rachel : Je te nomme berceuse en chef. Et je t'interdis de quitter cet appartement.

Monica *(surprise)* : Qu'est-ce que tu racontes ?

Comme Emma est un bébé imaginaire et qu'il s'agit d'un feuilleton télévisé, tout le monde finit par quitter l'appartement pour aller affronter d'autres catastrophes. Mais vous non plus, vous n'êtes pas condamnée à rester enfermée toute votre vie à écouter des hurlements. La Règle n° 4 va vous présenter un certain nombre de techniques pour réagir aux pleurs de votre bébé sans sombrer dans les idées noires. Le moment est venu d'essuyer les larmes.

– Le saviez-vous ? –

Les pleurs du nourrisson suscitent toute une gamme de sentiments chez sa mère et chez les autres personnes qui s'occupent de lui. Au-delà de l'agitation initiale, citons le ressentiment, la frustration, la colère, la culpabilité, l'épuisement, la dépression et même le déséquilibre hormonal ! Il n'y a donc pas lieu de s'étonner si ces pleurs déclenchent souvent des scènes de ménage.

LA RÈGLE N° 3 EN BREF

- Les meilleures habitudes sont celles qui naissent du dialogue permanent avec votre bébé. Un emploi du temps imposé de l'extérieur ne résoudra jamais vos problèmes et risquera de créer des tensions inutiles.
- Pour peu que vous lui donniez la parole, votre bébé communiquera avec vous au moyen de signaux subtils.
- En emportant votre bébé partout et en répondant sur-le-champ à ses appels, vous lui apprendrez paradoxalement à se montrer patient.
- Laissez-vous envahir par votre nouveau rôle de parent. Accordez-vous le temps d'examiner les sentiments que les pleurs infantiles font naître au plus profond de votre être. Un jour, vous pourrez à nouveau sortir dans la rue...

Règle n° 4

Ne laissez pas votre bébé pleurer

Lorsque l'amour et le savoir-faire travaillent de conserve, attendez-vous à un chef-d'œuvre.

John RUSKIN, critique d'art du XIXe siècle

Sachez interpréter les signes

Nous avons vu que les pleurs sont précédés de petits mouvements saccadés et par d'autres indices d'un certain inconfort. Mais ces signes annonciateurs peuvent être encore plus subtils. Si vous les observez attentivement, vous pourrez même discerner dans ces comportements instinctifs *la cause* des hurlements qui se préparent.

1. **Votre bébé se passe la main sur les lèvres. Il ouvre la bouche et commence à « chercher le sein »...** À l'évidence, il éprouve l'envie de téter, soit pour s'alimenter, soit en guise de réconfort. Mû par un réflexe, il tourne la tête et ouvre la bouche en grand pour saisir le mamelon. Il s'agit d'une étape prépara-

toire indispensable à l'allaitement, car il doit prendre dans sa bouche une bonne partie de l'aréole (la zone qui entoure le mamelon) avant d'être en mesure d'aspirer le lait. Votre bébé a besoin de beaucoup téter ; si vous le laissez se nourrir fréquemment, il est inutile de vous demander s'il a vraiment faim. Quand on ne lui impose aucune contrainte, ce qui est le cas dans la plupart des pays du monde, le nourrisson est toujours plus ou moins en train de suçoter, de jour comme de nuit.

2. **Votre bébé se frotte les yeux, gigote et bâille. Ses paupières semblent lourdes...** Il est évidemment sur le point de s'endormir !

3. **Votre bébé vous ignore alors que vous essayez de jouer avec lui. Il va même jusqu'à détourner la tête...** Il n'a aucune envie d'être stimulé. Si vous insistez, il risque de s'agiter.

4. **Votre bébé recroqueville ses genoux comme s'il souffrait. Il pousse des cris perçants et rythmés. Son visage s'empourpre...** Ces symptômes indiquent des douleurs d'estomac ou une indigestion, souvent associés à des coliques.

Tous ces gestes (et d'autres qui sont peut-être propres à votre enfant) jouent un rôle essentiel dans sa lutte pour se faire entendre. Mais certains signaux très discrets peuvent vous échapper si vous ne le gardez pas près de vous et si vous n'apprenez pas à identifier ses moindres mouvements. Au contraire, vous vous habituerez vite à utiliser tous les deux le langage du corps, pour peu que vous l'emportiez partout dans vos bras ou dans un kangourou.

L'exemple le plus éloquent de cette communication permanente est l'anticipation maternelle des besoins naturels du nourrisson. Au cours des millénaires qui ont précédé l'invention des couches, les mères tenaient leurs enfants à bout de bras pendant qu'ils se soulageaient. Chez les Netsiliks du Grand Nord canadien, les femmes portent leur bébé à l'intérieur de leur manteau de fourrure et l'extraient de son nid douillet à la dernière seconde. En Afrique, elles le soulèvent au-dessus des broussailles.

Lorsque des anthropologues curieux demandèrent à des mères ougandaises comment elles jugeaient du moment opportun, celles-ci répondirent sur un ton incrédule : « Et vous, comment savez-vous à quel moment vous avez envie ? » Elles n'imaginaient même pas que certaines mères puissent être privées de ce degré d'intimité avec leur nourrisson et de la compréhension immédiate des messages qu'il leur adresse. Depuis lors, les scientifiques ont découvert que quand le bébé est collé contre vous, vous sentez ses cuisses se crisper involontairement dès que sa vessie est pleine. Voilà comment les mères africaines peuvent réagir aussi vite.

Il ne faut pas donc pas s'étonner si le bébé porté dans un kangourou pleure moins que celui qu'on installe dans un lit d'enfant, dans une poussette ou dans un siège-auto. Les personnes qui s'occupent de lui, en effet, sont constamment réceptives à son langage corporel.

– Le saviez-vous ? –

Une étude américaine a établi qu'il suffit de porter un peu plus le nourrisson pour obtenir des résultats spectaculaires. Les pleurs d'un bébé porté 4 heures 25 minutes par jour sont de 43 % inférieurs à celui qu'on porte 2 heures 40 – soit une différence quotidienne de seulement 1 heure 45 minutes.

Des solutions toutes simples

Il vous suffit parfois de bercer votre bébé durant quelques instants pour qu'il plonge dans le sommeil du bienheureux, ou du moins pour qu'il se calme. Mais il arrive aussi qu'il ait besoin de faire une balade à un rythme soutenu pour évacuer les tensions accumulées au cours de la journée.

Les pleurs ordinaires s'accommodent de remèdes simples, et les parents ne sont pas longs à découvrir ceux qui conviennent à leur enfant. Je n'ai qu'un seul conseil à vous donner : ne lui refusez ni le réconfort ni la nourriture qu'il réclame. Chez un nourrisson, les désirs correspondent aux besoins. Il ne peut pas s'agir de caprices, et il est incapable de vous « faire marcher ».

- S'il a faim, donnez-lui à manger.
- S'il a sommeil, laissez-le s'endormir contre vous ou tout près de vous. Une fois installé dans une étoffe en bandoulière ou glissé dans un kangourou, il s'assoupira aussi facilement que dans le ventre maternel.

- S'il a d'abord besoin de se calmer, éteignez la lumière et couchez-vous à côté de lui, ou bien bercez-le doucement. Limitez au maximum les stimulations. De nombreux nourrissons aiment s'endormir en tétant. Cela leur permet de se concentrer sur une seule activité et d'apaiser leur corps. (Il est inutile de vous enfermer dans une chambre ; vous pouvez très bien brancher la télé en sourdine ou lire un livre.) N'hésitez pas à lui chantonner une berceuse.
- S'il s'ennuie ou s'il a tendance à s'agiter, essayez de le distraire grâce au toucher, au regard ou à des mots doux.
- S'il déborde d'énergie, bercez-le vigoureusement, dansez avec lui ou promenez-le d'un bon pas.
- S'il est déchaîné, et si vous n'êtes pas sortie depuis plus de deux heures, emmenez-le faire une bonne balade. Les pleurs sont souvent provoqués par le désir de s'aérer – surtout le soir, après toutes les tensions accumulées au cours de la journée. C'est le moment idéal pour sortir.

– Le saviez-vous ? –

Le remède le plus communément employé contre les pleurs, c'est l'allaitement. En Afrique, au Japon, en Inde ou en Amérique du Sud, les mamans donnent le sein à leur bébé dès qu'il commence à hurler.

Comment bercer

Votre façon de bouger avec votre bébé dépend de nombreux facteurs : vos rapports avec votre corps, les habitudes de votre enfant ou ce que vous ressentez au plus profond de vous. Personne ne peut contrôler ces choses à votre place. Le fait de bercer un nourrisson est un geste instinctif : des études ont montré que les parents adoptent automatiquement une fréquence de soixante à soixante-dix balancements par minute, ce qui correspond au rythme cardiaque. Ce genre de technique ne s'apprend pas.

Quand on y réfléchit, on comprend facilement pourquoi les bébés adorent être secoués doucement d'un côté puis de l'autre. Ils viennent en effet de passer neuf mois dans le ventre maternel. Tels des passagers débarquant d'un navire au terme d'une croisière, ils se sentent un peu perdus sur la terre ferme. Durant quelques années, ils vont rechercher le réconfort du balancement, que ce soit dans les bras de leurs parents ou dans leur berceau. Si on les laisse trop longtemps dans un lit fixe, ils se mettent à se balancer en rythme, afin d'apaiser leur malaise.

C'est une excellente chose que de serrer son enfant contre soi tout en le berçant, car ainsi son pouls s'accélère et sa circulation sanguine est stimulée. C'est également très bénéfique pour son tonus musculaire (élément essentiel, car un bébé est incapable de faire de l'exercice tout seul), pour sa respiration, pour sa digestion – ainsi que pour les prématurés, qui prendront ainsi du poids plus facilement. Il n'y a donc pas lieu de s'étonner que cette technique parentale élémentaire soit si appréciée des enfants.

– Le saviez-vous ? –

La Nature n'avait pas prévu à l'origine que nous passions autant de temps à bercer et à secouer nos petits. Ces gestes rituels tiennent lieu de substitut au mode de vie beaucoup plus actif de nos lointains ancêtres. À l'époque où les hommes pratiquaient la chasse et la cueillette, les parents et les enfants plus âgés portaient les bébés attachés dans leur dos du matin au soir. Ces derniers étaient de véritables nomades, qui ne songeaient qu'à partir en balade.

L'environnement sonore

En dehors du bercement, il existe un autre procédé élémentaire pour calmer les enfants grognons. Là encore, il suffit de penser à la grossesse pour comprendre que pendant des mois l'enfant a écouté des bruissements rassurants, des échos apaisants de la voix maternelle, sans parler des battements réguliers du cœur de cette dernière. Il suffit donc de faire entendre ces bruits familiers au nouveau-né pour qu'il retrouve aussitôt un peu de tranquillité.

Même les auteurs qui conseillent aux parents de laisser leurs enfants pleurer tout seuls reconnaissent l'efficacité des sons apaisants. Ils pourraient d'ailleurs recommander à leurs lecteurs de choisir ces moments d'agitation pour passer l'aspirateur – ce qui présenterait le double avantage de rassurer le petit braillard et de masquer ses hurlements ! En fait, les bruits peuvent atteindre un degré assourdissant dans le ventre maternel : des niveaux sonores compris entre 80 et 90 décibels ont été mesurés au cours de l'accouchement, ce qui est supérieur au vacarme produit par un aspirateur !

Le nouveau-né qui vient de quitter l'hôpital doit être frappé par le silence qui l'entoure (à moins qu'il ne vive dans une famille élargie, ou qu'il ait tout simplement de grands frères ou sœurs). S'il est le premier enfant, il doit être un peu perturbé de débarquer ainsi dans une maison vide. Par-dessus le marché, ses parents croient bien faire en marchant sur la pointe des pieds... En réalité, le silence lui est aussi nocif que les bruits soudains. Ce dont il a besoin, c'est d'être rassuré par le bruit de fond de la vie quotidienne.

Les recherches menées sur la mort subite du nourrisson ont montré que les sons d'origine humaine (liés aux contacts et aux mouvements fréquents) favorisent la régularité du sommeil et de la respiration. Les fabricants d'objets destinés à la petite enfance ont largement exploité cette idée, si bien que vous pouvez acheter une vaste gamme de cassettes censées développer le cerveau de votre progéniture, depuis les berceuses et les stimulations du rythme cardiaque jusqu'aux brefs extraits des œuvres de Mozart.

Les bruits exercent sans aucun doute un effet apaisant, mais pour jouer pleinement ce rôle ils doivent être associés aux contacts. En prenant votre enfant dans vos bras et en vous servant de votre propre voix, vous créerez un environnement magique auquel il sera incapable de résister. Voici deux suggestions d'une grande simplicité :

- Dans le monde entier, les mères font taire leur enfant en plissant les lèvres et en lui murmurant « chut ! » au creux de l'oreille. Placez votre bouche à quelques centimètres de son oreille et prolongez le plus longtemps possible le son

« chchchchchchchchchchchchut !... ». Selon le pédiatre américain Harvey Karp, il faut augmenter progressivement le volume et continuer à murmurer « chut ! » jusqu'à ce que les pleurs s'interrompent.

- Apprenez une ou deux berceuses faciles à retenir afin de les chantonner à votre bébé. Hélas ! notre répertoire s'est beaucoup appauvri en quelques générations. De plus en plus de mères prétendent avoir « oublié les paroles », ou bien manquent de l'assurance nécessaire pour chanter. Pourtant, les nouveau-nés ne sont pas des mélomanes. Ils veulent simplement entendre un petit air qui leur apporte la paix et la sérénité. Ce qui compte avant tout dans une berceuse, c'est l'espèce de litanie à laquelle presque toutes les civilisations ont recours pour calmer les nourrissons. Rien de plus facile que d'en créer de nouvelles avec des mots tout simples et des mélodies souriantes (voir Règle n° 8 : « La magie des berceuses » p. 148).

– Le saviez-vous ? –

Les êtres humains aiment danser sur des musiques qui imitent les bruits du ventre maternel. Avant la naissance, le bébé entend le rythme cardiaque de sa mère et son propre cœur, qui bat à peu près deux fois plus vite. Les rythmes typiques des musiques de danse reprennent ce modèle et nous donnent une furieuse envie de nous balancer d'avant en arrière et de droite à gauche. Dans le monde entier, les femmes adorent danser avec leurs bébés – pour le grand plaisir de ces derniers.

Pleurer est une bonne chose

Certains psychologues estiment qu'un tiers des pleurs infantiles ne sont dus à aucune cause particulière. Selon eux, il s'agit d'un moyen d'évacuer des souffrances emmagasinées, et qui peuvent être consécutives au traumatisme de la naissance, à un excès de stimulations ou à d'anciennes douleurs d'ordre physique. Ils parlent d'un *besoin* de pleurer, qu'il ne faut donc pas supprimer. Mais ils ne conseillent pas pour autant de laisser les nourrissons hurler tout seuls dans leur coin.

Ce serait merveilleux si nous étions capables de voir l'âme de notre enfant en le regardant au fond des yeux – une croyance répandue dans d'autres civilisations. Mais même si nous acceptons cette idée, toutes les théories relatives aux sentiments cachés du nourrisson demeureront de pures spéculations. En revanche, ce type d'approche peut nous aider à accepter les pleurs et à acquérir des techniques efficaces pour y faire face.

La plupart des méthodes partent du principe qu'il est souhaitable de mettre fin aux hurlements. Les auteurs qui recommandent de laisser le bébé pleurer dans son berceau partagent ce point de vue – même si l'enfant risque de brailler pendant des heures avant de « comprendre » que personne ne l'écoute. Ils enjoignent aux parents de s'endurcir contre ces appels émouvants. Montez le volume de votre télé, leur disent-ils, ou bien passez l'aspirateur... En vous bouchant les oreilles, vous éviterez de vous laisser attendrir !

Les câlins apaisants ont également pour objectif de mettre un terme aux pleurs. Nous avons vu qu'ils consistent à distraire l'enfant, à le bercer, à le cajoler. Mais que faire s'il continue à crier ? Faut-il le recoucher et lui tourner le dos en le laissant se débrouiller tout seul ?

À l'inverse, doit-on accélérer la manœuvre et le secouer comme un prunier ? Certains parents expliquent que tous les soirs leur bébé a besoin d'une danse frénétique pour réussir à s'endormir. Ce genre d'exercice vous aidera peut-être à retrouver la ligne, mais il est probable que vous vous passeriez volontiers de ces exercices sportifs à l'heure du coucher. Les nourrissons parviennent en général à s'assoupir sans l'intervention d'un moniteur de gymnastique...

Si vous souhaitez vous en sortir toute seule, vous devez apprendre à contrôler ses pleurs. Et pour cela il faut que vous vous décontractiez.

– Le saviez-vous ? –

Il n'est pas nécessaire de savoir ce qui a déclenché les pleurs d'un enfant pour l'aider. La psychologue Aletha Jauch Solter nous l'affirme : « Faites confiance au bébé pour réagir en fonction de ses besoins (...) Surveillez-le de près, mais sans essayer d'arrêter ses pleurs ou de distraire son attention. »

Soyez un havre de paix

Quand votre bébé pleure, apprenez à fabriquer une sorte de cocon autour de lui et à trouver en vous-même la sérénité, de manière à le bercer sans être perturbée par le sentiment de culpabilité, par l'énervement ou par l'appréhension. Les caresses sont toujours préférables aux contraintes.

Le nourrisson en larmes doit être entouré ou, selon mon expression favorite, « enveloppé ». J'ai acquis cette technique en consolant mes propres bébés – en particulier Joe, mon troisième enfant, qui pleurait davantage que les deux autres jusqu'à l'âge de trois mois. Comme les débuts de ma grossesse ne s'étaient pas déroulés au mieux, il me semblait normal qu'il évacue les effets du stress. Je voulais qu'il puisse pleurer à loisir, mais pas tout seul. Je voulais qu'il me sente à ses côtés.

Après l'avoir balancé, bercé, dorloté et secoué dans tous les sens, je m'affalais dans un fauteuil en le laissant reposer lourdement contre moi, sans le serrer le moins du monde. Au lieu de laisser la panique me gagner (comme c'était le cas avec Frances, ma fille aînée), je m'appliquais à me vider le corps et l'esprit. Je m'exerçais à atteindre un certain détachement, afin de lui transmettre ma tendresse, sans pour autant me montrer envahissante. Plutôt que d'essayer de le faire taire, je décontractais mes muscles.

Au début, j'avais du mal à l'« envelopper », car je suis très vulnérable face aux cris angoissés d'un nourrisson. Je ressentais tour à tour des bouffées de chaleur et des sueurs froides en touchant son petit corps tendu comme un ressort. Mais cela ne nous aurait avancé à rien de céder tous les deux à la fièvre. Il valait mieux que l'un de nous conserve son sang-froid. Peu à peu, j'ai appris les moyens d'y parvenir. Plus vite je me maîtrisais, plus vite je pouvais l'aider à se calmer.

Même si un bébé qui pleure est terrorisé, ses parents doivent garder leur sérénité. Ils doivent se préserver du stress et demeurer pour lui un havre de paix. La meilleure façon d'y arriver, c'est d'assimiler l'idée suivante :

« *N'essayez pas de le faire taire.* »

Dès que vous n'êtes plus obsédée par la volonté de mettre fin à ses pleurs, vous ne faites plus qu'un avec votre enfant. C'est un merveilleux soulagement. Pour la première fois peut-être, vous l'acceptez tel qu'il est : un être minuscule et vulnérable qui ne peut pas s'empêcher de pleurer. Finis les jugements catégoriques, le sentiment de culpabilité, les tentatives d'explication, les justifications, le désir vain de tout contrôler, l'amertume, les doutes. Votre bébé pleure. Vous le savez, vous ne fuyez pas vos responsabilités, mais vous n'y pouvez pas grand-chose. Pourvu qu'il ne soit pas malade, qu'il n'ait pas faim et qu'il ne souffre pas, vous êtes prête à prendre patience.

Et il est probable que ses larmes se tariront plus tôt que prévu.

– Le saviez-vous ? –

Faites appel à votre imagination... Et tentez l'expérience :

« *Mon bébé flotte entre mes bras. Je suis un havre de paix. Son agitation s'infiltre dans mon corps et en ressort sans m'atteindre. Je peux l'aider à absorber le choc que représente sa nouvelle vie. J'ai le pouvoir de le consoler, mais rien ne m'oblige à partager son angoisse.* »

LA RÈGLE N° 4 EN BREF

- Chaque bébé dispose d'un répertoire de signaux que vous devez apprendre à détecter. Plus votre réponse sera rapide, plus vite votre enfant s'apaisera.
- Aux causes habituelles de ses pleurs correspondent des remèdes très faciles à mettre en œuvre.
- Réagissez de manière naturelle, servez-vous de votre corps pour épouser le rythme de votre bébé et de votre voix pour l'apaiser.
- S'il continue à pleurer malgré tout, n'essayez pas de l'en empêcher.
- Apprenez à l'« envelopper » dans un cocon jusqu'à ce qu'il comprenne qu'il n'a pas d'adversaire à combattre. Vous êtes tous les deux dans le même camp, et il doit avoir conscience d'être le bienvenu sur Terre.

Règle n° 5

Un océan de tendresse

Il n'y aura pas de crise la semaine prochaine. Mon emploi du temps est trop chargé.

Henry KISSINGER,
conseiller à la Maison-Blanche,
New York Times, 1969.

La colique bénigne du nourrisson

Nous croyons toujours que cela n'arrive qu'aux autres... Avant la naissance, nous ne voulons même pas envisager un pareil cauchemar ; après la naissance, nous refusons d'admettre la vérité. Pourtant, les statistiques nous disent que dans les pays occidentaux, les méthodes ordinaires ne parviennent pas à calmer 15 % des nourrissons.

Vous avez beau le bercer, chantonner et lui faire « chut », votre bébé demeure inconsolable s'il souffre de colique. Tous les soirs, il s'agite, geint ou pousse des cris à vous percer les tympans pendant des heures. Vous avez beau le secouer comme un prunier, rien n'y fait. C'est comme si vous étiez enfermée chez vous et que vous aviez oublié le code de l'alarme : il y a de quoi devenir folle.

Mais qu'est-ce que la colique exactement ? Les symptômes en sont si variés que le débat est loin d'être clos et que certains médecins vont jusqu'à nier son existence. En tout cas, la colique n'est pas une maladie, mais une façon de décrire les pleurs continuels et excessifs que l'on rencontre si souvent chez les nourrissons âgés de moins de trois mois.

Le corps médical affirme qu'il s'agit dans 90 % des cas d'un diagnostic erroné. La définition précise du mot « colique » est liée à la « règle de trois » : le bébé doit pleurer plus de trois heures par jour, et ce plus de trois jours par semaine. Or, la moitié des nourrissons qui sont amenés dans les services de pédiatrie sont loin de pleurer autant. En outre, si les nouveaux parents ont davantage tendance à consulter, on ne voit pas très bien pourquoi les aînés souffriraient davantage de colique que leurs cadets.

Les tests acoustiques montrent que les pleurs liés à la colique présentent des caractéristiques spécifiques : ils sont plus aigus, plus virulents, plus rythmés et plus intenses que les autres formes de pleurs infantiles. Le visage s'empourpre et se convulse sous l'effet de l'anxiété, et les commissures des lèvres prennent une allure carrée. Le dos se cambre et les jambes se recroquevillent, comme sous le coup d'une douleur. Mais l'enfant peut aussi simplement s'agiter pendant des heures. On observe alors une crise d'angoisse prolongée, imprévisible et – contrairement aux autres formes de pleurs – inconsolable.

En lisant des études scientifiques, on voit certaines mamans se réjouir de constater que des sages-femmes expérimentées ne réussissent pas mieux qu'elles à apaiser leur bébé tourmenté par la colique. Effectivement, les parents des enfants qui pleurent sont tout aussi compétents que ceux des enfants qui ne pleurent pas. Ce n'est pas une question d'aptitude.

La colique n'est pas non plus un phénomène lié aux conditions de vie moderne. Elle affecte autant les nourrissons élevés au sein que ceux auxquels on donne le biberon. Et elle sévit également dans les autres civilisations. Au Kenya, par exemple, les bébés Gusii souffrent d'un mal nommé *enyancha* (le lac), dans lequel les organes génitaux seraient perturbés par le vent qui souffle du lac Victoria. Le remède contre cette forme de colique est d'ailleurs le même que dans le reste du monde : on attache le nourrisson dans une sorte de « kangourou » et on le secoue comme un prunier.

Cependant, si la manière forte est souvent employée, il arrive qu'on puisse soulager une colique par un simple bercement, voire en se contentant de prendre l'enfant dans ses bras. Cela tendrait à prouver que nous avons affaire à un cercle vicieux : au cours de ses premières semaines, le nouveau-né prend une mauvaise habitude avec laquelle il est ensuite très difficile de rompre. La solution consiste donc peut-être à ne pas attendre que sa colique devienne régulière avant de lui offrir ce que les scientifiques appellent des « soins de proximité » – autrement dit à beaucoup le porter dès sa naissance. Voilà sans doute pourquoi la colique est moins répandue dans les pays où les femmes se déplacent toujours avec leur bébé, l'allaitent fréquemment et cherchent en permanence à le rassurer. Ces mères-là préfèrent prévenir que guérir.

Une chose est sûre, en tout cas : les coliques disparaissent en général à l'âge de trois mois. C'est un phénomène qui concerne les très jeunes enfants et qui est ensuite surmonté naturellement.

– Le saviez-vous ? –

Il existe un moyen mnémotechnique pour identifier les pleurs provoqués par la colique.
C'est la règle des six « i » :

- **intensif**
- **imprévisible**
- **interminable**
- **inconsolable**
- **identique à la douleur (expression du visage)**
- **inévitable dans la soirée**

Les pleurs et l'enfant malade

Le mot colique vient du grec *kôlikos*, qui se réfère au côlon. Aussi de nombreux parents demeurent-ils persuadés que les douleurs de leur bébé sont d'origine digestive. Pourtant, il est rare que les coliques aient une cause physique identifiable. Quand c'est le cas, on abandonne ce terme au profit d'une formulation officielle du type « reflux gastro-œsophagien » (les pleurs sont alors provoqués par la remontée de nourriture et d'acide en provenance de l'estomac).

Quoi qu'il en soit, vous devez faire confirmer les symptômes de votre bébé si vous estimez qu'il souffre de colique. En cas de pleurs excessifs, votre médecin voudra d'abord s'assurer qu'il ne souffre d'aucune maladie virale ou chronique. Les nourrissons inconsolables atterrissent en général chez le pédiatre, qui procède à une série d'examens visant à éliminer les problèmes éventuels.

Les causes des pleurs sont si diverses qu'il ne servirait à rien d'en dresser ici la liste. Il peut s'agir des suites d'une vaccination ou d'une réaction à un changement de régime alimentaire (concernant l'enfant ou la mère). Ainsi, les parents qui nourrissent leur bébé au biberon seront souvent amenés à modifier la composition du lait alors que le pourcentage d'enfants allergiques au lait de vache se situe entre 1 et 2 % (soit moins de 10 % de ceux qui souffrent de coliques). Les scientifiques font remarquer que la plupart des nourrissons surmontent leurs coliques au moment où leurs parents pensent avoir trouvé le lait qui leur convient. Mais une fois de plus, il est difficile de démontrer l'existence d'un lien de cause à effet.

Les pleurs sont rarement un problème majeur en cas de maladie grave. De fait, ils réclament beaucoup d'énergie, et les enfants malades n'ont guère de forces à gaspiller. Ils pleurent donc peu ou pas du tout. Le bébé malingre, passif, résigné est beaucoup plus préoccupant. Son allure modifie même la manière dont les adultes le manipulent : des études ont montré que les nourrissons en très mauvaise santé bénéficient de beaucoup moins de contacts et de stimulations que ceux qui sont en pleine forme. En outre, leurs parents sont si inquiets qu'ils se sentent coupables et incapables d'assumer leurs responsabilités.

Si votre bébé est malade, ne le privez surtout pas de contact physique. À moins qu'il ne vous soit interdit de le prendre dans vos bras pour une raison particulière, c'est vraiment le moment de vous rapprocher de lui.

Chez les Gusii du Kenya, l'enfant malade benéficie d'une protection physique et spirituelle particulière jusqu'à l'âge de six semaines. Sa mère le garde en permanence dans ses bras, près du feu, même s'il fait très chaud à l'extérieur du logis. De son côté, le père a recours à des rites magiques pour préserver la santé de son enfant. La douceur des bras maternels lui permet de comprendre que ses douleurs sont partagées.

– Le saviez-vous ? –

Il est facile de reconnaître les pleurs provoqués par la douleur. Ils commencent par une inspiration vigoureuse et par un cri soudain. Ensuite, le premier hurlement est très long, puis le bébé retient sa respiration entre les manifestations sonores.

Les prématurés

Les prématurés ont une manière particulière de pleurer. À la naissance, comme ils sont souvent malades et qu'ils dépendent de la couveuse, ils ont tendance à rester passifs et résignés. Au bout de quelques semaines, en revanche, ils pleurent davantage que les autres nouveau-nés, et leurs cris sont encore plus aigus et plus insupportables, ce qui aggrave le stress des parents.

Les études scientifiques ont prouvé qu'ils sont plus irritables, plus prompts à fondre en larmes, plus sujets à l'excès de stimulations et plus difficiles à consoler. En outre, ils sourient rarement avant d'avoir dépassé de six à huit semaines la date à laquelle ils auraient dû normalement venir au monde. Ce retard (qui est très dur à vivre pour les parents) montre l'importance des échanges précoces. Ces différents facteurs expliquent que les prématurés sont statistiquement plus exposés aux risques de maltraitance et de négligence.

Ils ont parfois besoin de thérapies lourdes pour survivre, et les médecins savent parfaitement que ces traitements indispensables augmentent leur angoisse. L'assistance respiratoire peut endommager les poumons, les yeux et les oreilles. Par ailleurs, l'enfant doit d'ordinaire subir quatre prises de sang quotidiennes à l'évidence très douloureuse : il se tortille, pousse des hurlements, et son rythme cardiaque atteint un seuil critique. La vie en dehors du ventre maternel n'est vraiment pas une partie de plaisir pour l'enfant venu trop tôt au monde.

Nous avons déjà vu que l'utilisation d'un kangourou et le contact peau contre peau contribuent à rétablir sa santé et à redonner confiance à ses parents, très perturbés par cette naissance précoce. D'ailleurs, il existe de nombreux exemples de remèdes traditionnels destinés à apaiser les bébés nés avant terme :

- Au Ghana, on le « couve comme un œuf ». Sa mère le garde dans ses bras pendant au moins sept jours sans le laver.
- Chez les Inuits du Grand Nord, la mère l'enveloppe d'abord dans la peau soyeuse d'un animal et le suspend au-dessus d'une lampe à huile afin qu'il ait bien chaud. Ensuite, elle l'emporte partout à l'intérieur de sa parka.
- Au Mozambique, le minuscule nouveau-né est enveloppé dans un *kanga* (étoffe traditionnelle des femmes) et pressé contre le corps de la mère. S'il n'a pas la force de téter, celle-ci extrait son lait et le lui donne à la cuiller.

Votre enfant prématuré vous semble délicat et fragile. Peut-être même est-il relié à une assistance technique dans sa couveuse. Mais cela ne doit pas vous empêcher de recourir au contact peau contre peau pour l'aider à surmonter le traumatisme de ces premiers mois difficiles. Depuis quarante ans, les maternités se sont peu à peu convaincues de cette vérité, et la plupart d'entre elles prônent aujourd'hui les bienfaits de la stimulation provoquée par le tendre contact maternel.

– Le saviez-vous ? –

Le massage peut aider un prématuré à prendre du poids plus rapidement, à améliorer son rythme de sommeil et à produire des endorphines pour lutter naturellement contre la douleur. Essayez de le masser doucement quand il devient grognon ou pour qu'il se décontracte avant de s'endormir. (Pour plus de détails sur le massage, voir Règle n° 6 : « De l'or dans les mains » p. 108.)

Quelques suggestions

Si le destin vous a doté d'un bébé nettement plus angoissé que la moyenne, que diable pouvez-vous y faire ? Nous avons déjà abordé les techniques d'« enveloppement » (Règle n° 4 : « Soyez un havre de paix » p. 77), mais rares sont les adultes assez patients pour absorber les tensions d'un bébé qui s'agite pendant plusieurs heures par jour. Aussi incroyable que cela puisse paraître, des études américaines ont montré que certains nourrissons sont capables de pleurer dix-huit heures sur vingt-quatre. Le métier de jeune parent n'est déjà pas facile ; quand on est confronté à des coliques ou à une maladie chronique, cela devient invivable.

Cependant, il existe un certain nombre de principes essentiels, dont voici quelques-uns :

- N'essayez pas de vous en sortir toute seule. Dans la plupart des pays, les parents estiment qu'il est absurde de vouloir élever un bébé en vase clos, et c'est encore plus vrai si celui-ci s'agite ou hurle à pleins poumons. Trouvez-vous une remplaçante afin de pouvoir souffler pendant au moins une heure par jour : une amie, une baby-sitter, une grand-mère ou une voisine. Insistez auprès de votre partenaire pour qu'il assume sa part de travail. Et profitez au maximum de vos instants de liberté. Sortez, respirez un bon bol d'air ou rattrapez un peu de sommeil en retard. Ces moments de répit sont absolument capitaux : *si vous ne prenez pas soin de vous-même, vous ne pourrez pas prendre soin de votre bébé*. Dans presque toutes les civilisations, les parents sont conscients de cette évidence, et si nous l'ignorons, c'est à nos risques et périls.

- Faites l'expérience des médecines douces, à commencer par le massage en douceur. Pour apaiser un nourrisson qui souffre de colique, caressez-lui les mains l'une après l'autre dans le sens des aiguilles d'une montre. Cela l'aidera à abaisser la tension qu'il ressent dans son petit ventre.

- Les techniques ancestrales de l'emmaillotement peuvent aussi s'avérer utiles en cas de pleurs prolongés (voir Règle n° 6 : « Un nid douillet » p. 109).

- N'oubliez pas non plus les différents médicaments adaptés à la colique : sédatifs pour favoriser l'endormissement, antiflatulents pour diminuer les vents, antispasmodiques pour décontracter les muscles. Cela dit, tous ces produits peuvent induire des effets secondaires tels que l'irritation de l'appareil digestif, la dépression nerveuse et même les apnées (interruptions momentanées de la respiration). Les médicaments anticoliques prétendent disperser les poches de gaz à l'intérieur de l'intestin, mais rien ne prouve que des gaz soient à l'origine des douleurs.

– Le saviez-vous ? –

Aux Philippines, certains musulmans affirment que le prophète Mahomet pleura sans interruption pendant sept jours à l'âge de trois mois. Il ne se tut que lorsque sa mère lui coupa une mèche de cheveux sur le front. Aujourd'hui, les bébés de la tribu des Samal reçoivent le même traitement lors d'une cérémonie commémorative, et ce rituel est censé prévenir leurs pleurs.

Les dents : vérité ou prétexte

Tous les parents vous expliquent avec fierté que si leur bébé est grognon, c'est parce qu'il fait ses dents. Mais est-ce si sûr ? Une dent qui perce peut-elle faire pleurer un enfant pendant des mois ? Ou bien s'agit-il d'un prétexte passe-partout et dénué de fondement ?

Au XVIIIe siècle, le médecin anglais John Arbuthnot dressait la liste suivante de symptômes liés à la percée dentaire : « Irritation des parties tendres de la mâchoire, inflammation consécutive, fièvres, convulsions, gangrène, etc. » Aujourd'hui encore, beaucoup de gens lui associent des manifestations telles que crises nerveuses, poussées de fièvre, diarrhées et rougeurs.

Une dent qui pousse étant invisible, il est très facile de la rendre responsable des pleurs et de mille autres symptômes divers et variés – et ce plusieurs mois avant, puis après que la petite dent de lait, toute blanche et tranchante, ne perce la gencive. Cependant, des recherches approfondies ont montré que la plupart de ces symptômes ont de toutes autres causes. Il semble que les rougeurs sur les joues, l'humeur grincheuse, la « bronchite dentaire », les cris nasillards et les larmes n'aient rien à voir avec la percée dentaire. Les scientifiques affirment que ses véritables symptômes sont presque indécelables ou ne provoquent au pire que des troubles bénins.

En revanche, il est parfaitement raisonnable d'associer à la percée des prémolaires une tendance à saliver et à baver, une irritation des gencives et un comportement grognon. Même le chercheur le plus intransigeant doit reconnaître qu'un bébé aux gencives enflées a de bonnes raisons de ronchonner.

Pour y remédier, vous pouvez recourir aux techniques suivantes :

- Massez tout doucement les gencives avec un doigt propre – en recourant à un baume anesthésique si la douleur est aiguë.
- Pour apaiser les rougeurs provoquées par la bave autour de sa bouche, appliquez de la vaseline.
- Utilisez un anneau de dentition ou un gant de toilette glacé – ou encore un morceau de carotte si l'enfant est plus âgé.

– Le saviez-vous ? –

Certains bébés naissent avec des dents, tandis que chez d'autres elles sont encore absentes à l'âge quatorze mois. Au Moyen Âge, on conseillait aux mères de ne pas sevrer leur bébé avant la percée des dents de lait, faute de quoi il souffrirait de fièvre et d'irritation des gencives.

Le petit grognon

Les pleurs ont parfois une origine extérieure. Si votre bébé ne cesse de hurler, vous chercherez bien entendu à repérer une éventuelle cause physique. Voici une liste des problèmes les plus fréquemment rencontrés et les plus faciles à régler :

- Les désodorisants et autres parfums d'ambiance peuvent affecter la santé des nourrissons (et de leurs parents), en provoquant des symptômes tels qu'otite ou diarrhée. Il vaut mieux ne pas utiliser de bombe aérosol près de votre bébé, car celui-ci est extrêmement sensible à la qualité de l'air qu'il respire.

- Le lait de vache est le produit le plus susceptible de lui être néfaste, soit du fait de ses protéines indigestes, soit à cause du lactose (sucre contenu dans le lait de vache). Consultez néanmoins votre médecin avant de changer de formule, car ce type d'allergie demeure assez peu répandu. Certains bébés nourris au sein peuvent réagir au lait et au fromage consommés par leur mère. Dans ce cas, la meilleure solution consistera peut-être à bannir ces produits du régime alimentaire maternel.

- Un nourrisson allergique aux arachides (ou à un autre aliment comparable) peut être sérieusement affecté si sa mère en mange, et ce avant même d'avoir lui-même consommé la moindre cacahuète. Les mamans de certains nourrissons se plaignent souvent de pleurs incessants durant les premiers mois, c'est-à-dire bien avant le sevrage. Si vous adorez les cacahuètes, et surtout si vous en avez beaucoup mangé durant votre grossesse, essayez de vous en passer provisoirement. Si une amélioration se produit, consultez votre médecin afin de pratiquer des tests et d'envisager la conduite que vous devrez tenir par la suite pour protéger votre enfant.

- Le lait maternel est en grande partie tributaire de l'odeur et de la composition des aliments consommés par la mère. Il n'est donc pas étonnant que certains nourrissons très sensibles y réagissent. Cela peut s'avérer très bénéfique de renoncer à certains des coupables habituels : vin rouge, café, lait, fromage, oranges, aliments riches en arômes artificiels.

Dans les pays occidentaux, cependant, de nombreux bébés ne pleurent pas à cause d'une douleur, d'une irritation ou d'un autre élément identifiable, mais du fait d'une combinaison de facteurs liés à leur tempérament et à leur stade de développement.

Vers l'âge de deux mois, qui correspond d'ordinaire au pic des coliques, le cerveau subit des changements spectaculaires. Le nourrisson commence à agir en fonction de ses choix, et non plus de manière automatique.

Autrement dit, il se met à prendre des décisions et à répondre spontanément au monde extérieur. Aujourd'hui, les médecins se demandent si cette évolution n'expliquerait pas pourquoi, vers cet âge-là, les enfants très sensibles sont si difficiles à consoler.

Quelle conclusion pouvons-nous tirer du fait que les pleurs liés aux coliques sont très rares dans certaines civilisations ? Tout simplement que les bébés y sont beaucoup moins sujets quand on les porte constamment dès leur naissance, quand leur mère est soutenue par une famille élargie, quand on les console tendrement ou qu'on les allaite dès qu'ils se montrent grognons. Dès que l'enfant paraît, n'hésitez pas à lui offrir un océan de tendresse.

– Le saviez-vous ? –

L'eczéma du nourrisson affecte environ 5 % des bébés. Les plaques rouges, qui entraînent de fortes démangeaisons, apparaissent en général sur le visage, avant de gagner les coudes et les genoux. Les enfants se montrent irritables, éprouvent des bouffées de chaleur et ont tendance à pleurer la nuit. Parmi les remèdes, on peut citer les plantes médicinales chinoises, le changement de régime alimentaire, l'homéopathie et les massages très légers avec de l'huile de tournesol ou une crème à l'aloe vera.

LA RÈGLE N° 5 EN BREF

- Loin d'être une maladie, la colique recouvre un ensemble de symptômes très répandus chez les tout petits enfants. Une fois qu'ils se mettent à pleurer, ils sont difficiles à consoler.
- Bien que les symptômes de la colique s'observent dans tous les pays du monde, ils sont beaucoup moins fréquents dans les civilisations où les mères portent en permanence leur bébé.
- Les prématurés pleurent d'abord moins que les autres bébés, puis davantage au fur et à mesure qu'ils grandissent. Ils réagissent très bien aux contacts et aux caresses.
- La percée dentaire, les allergies et les problèmes digestifs provoquent beaucoup moins de coliques que nous ne nous l'imaginons.
- Les pleurs incessants peuvent correspondre à une sorte de « défaut de fabrication » chez le nourrisson. Quoi qu'il en soit, le problème se résoudra tout seul avec le temps.

Règle n° 6

Que la fête commence !

« Contentez-vous de jouer. Amusez-vous. Prenez du bon temps. »

Michael JORDAN, basketteur américain.

Quelques trucs précieux

L'une des tâches les plus nécessaires pour les jeunes mamans consiste à acquérir toute une gamme de compétences nouvelles. Il ne s'agit pas d'atteindre la perfection comme par un coup de baguette magique, mais de multiplier les expériences, de commettre des erreurs, bref, d'apprendre le métier sur le tas. En suivant votre instinct, en écoutant votre bébé et en mettant en œuvre quelques idées, vous saurez vite ce qui vous convient à tous les deux. Et votre relation n'en deviendra que plus agréable.

Tous les parents doivent en passer par là, mais pour certains d'entre eux l'apprentissage est douloureux et d'une lenteur déprimante. Les pleurs de votre enfant peuvent vous donner le sentiment que vous n'êtes bonne à rien – comme si les experts possédaient toutes les réponses, mais que vous ne puissiez en assimiler aucune.

Pourtant, même si vous vous trompez, cela peut être positif. Les auteurs de guides pratiques et votre belle-mère ont davantage d'expérience que vous, mais *pas avec votre bébé*. S'ils peuvent bien entendu vous donner des conseils, vous seule pouvez les appliquer, les adapter ou ne pas en tenir compte ! Vous seule connaissez ses goûts et ses dégoûts, et vous êtes l'unique experte dont il ait besoin. Il se moque bien de ce que racontent les livres : il veut simplement trouver sa place au sein sa famille bien réelle.

Vous devez donc acquérir quelques trucs et les utiliser en vous amusant. Le simple fait d'essayer vous aidera à vous sentir beaucoup mieux et à prendre confiance en vous. Les bébés, en effet, n'apprécient guère que leurs parents soient trop crispés ou timorés. Si votre enfant réagit, tant mieux. S'il ne réagit pas, ce sera tout aussi positif : vous apprendrez ainsi ce qui marche et ce qui ne marche pas avec lui. Dans un cas comme dans l'autre, vous vous engagerez sur le chemin du bonheur familial.

– Le saviez-vous ? –

Dans les *business schools*, les étudiants sont formés à mettre l'accent sur les solutions quelle que soit la situation à laquelle ils sont confrontés. 1°) Si ce n'est pas cassé, ne le réparez pas. 2°) Cherchez ce qui fonctionne bien et tirez-en le maximum. 3°) Si cela ne fonctionne pas, essayez une autre méthode. Inspirez-vous de ces trois règles pour répondre aux besoins de votre bébé – en commençant dès maintenant !

Les plaisirs de la vie

Ne soyez pas obsédée par les pleurs de votre enfant et par les moyens d'y remédier. Prenez plutôt des habitudes agréables, initiez-le à des jeux qui vont illuminer votre existence à tous les deux – et qui par conséquent vont contribuer à sécher ses larmes. Voici quelques suggestions d'activités très efficaces pour apaiser les nourrissons. Dans le monde entier, les mères y ont recours quotidiennement, même quand leur bébé ne pleure pas.

- Prenez un bain avec votre bébé. Au Japon, les nourrissons accompagnent les autres membres de la famille dans le *furo* traditionnel, et l'on retrouve une coutume identique dans les sources chaudes islandaises. Une baignoire ordinaire, ou une piscine chauffée, peut également faire l'affaire. Votre bébé adorera se sentir soutenu et enveloppé par l'eau, surtout si votre présence le rassure et si vos doigts le caressent. Plutôt que de le tenir maladroitement au-dessus de la surface de l'eau, entrez dans le bain avec lui et profitez d'un moment délicieux, sensuel et apaisant.

- Chantonnez pour votre bébé. Dans le monde entier, les berceuses ont le pouvoir d'amener les nourrissons à un état de merveilleuse sérénité. Ils adorent écouter une voix douce, sentir les vibrations du corps de la chanteuse, retrouver la mélodie toute simple et répétitive d'une chanson familière. Le répertoire mondial des berceuses est d'une extraordinaire variété, ce qui montre que les bébés sont ouverts à toutes les expériences musicales (voir Règle n° 8 : « La magie des berceuses » p. 148).

- Dansez avec votre enfant. L'Australienne Pinky McKay va jusqu'à préconiser la « valse de la colique », dont le rythme à trois temps reproduit celui du bébé dans le ventre maternel. Les Balinaises pilonnent le riz sur un fond de musique traditionnelle, et ces gestes répétés endorment le nourrisson qu'elles portent sur la hanche. Dans les pays occidentaux, il suffit de mettre son CD préféré et de sautiller à travers l'appartement jusqu'à ce que le bébé s'habitue à certains morceaux. Le rock, avec sa ligne de basse accentuée et son battement binaire, est aussi efficace que la musique baroque du XVIIe siècle.

- Distrayez votre bébé. Soufflez doucement sur sa peau, chatouillez-lui le ventre, agitez son hochet, faites-le rire. Certains enfants sont très faciles à distraire et peuvent passer en quelques secondes des larmes aux éclats de rire, et *vice versa*.

- Parlez à votre bébé. N'oubliez jamais que votre voix joue un rôle très important dans son développement. Il adore vous écouter, non pas pour le sens de vos paroles, mais parce qu'il reconnaît un rythme et un timbre familiers. Il nous arrive de négliger ce dialogue ou de nous juger ridicules. Nous sommes parfois gênées d'employer un langage enfantin, même quand nous sommes seules avec notre bébé. Mais peu importe ce que nous baragouinons, car il sera aussi fasciné par un conte pour enfants que par des phrases sans queue ni tête ou que par la lecture de l'annuaire téléphonique. Il n'est pas impossible qu'il décide même d'arrêter de pleurer !

- Laissez votre bébé tout nu ! L'après-midi est le moment idéal pour vous glisser avec lui sous la couette et pour faire une petite sieste peau contre peau. Laissez-le profiter de sa propre nudité. Posez-le sur une serviette éponge afin de prévenir les fuites éventuelles et employez ces instants privilégiés en fonction de votre humeur : vous pouvez dormir, le câliner, le caresser ou jouer avec lui. Si vous retirez vous aussi une partie de vos vêtements, vous lui ferez découvrir le plaisir de toucher et d'être touché – essentiel pour sa croissance, pour son développement psychique et pour l'acquisition de moyens de communication subtils.

– Le saviez-vous ? –

Dès l'âge de sept mois, un enfant commence à comprendre la grammaire de sa langue maternelle. Trois bébés sur cent prononcent leur premier mot à neuf mois, alors que dix bébés sur cent ne disent rien avant dix-huit mois. C'est d'ailleurs sans importance, car le langage apparaît en fonction de son propre rythme.

Quelques approches thérapeutiques

Parmi les nombreuses méthodes destinées à consoler les bébés, certaines sont controversées, tandis que d'autres reposent sur le bon sens. Voici quelques techniques éprouvées qui méritent toute votre attention :

L'ostéopathie crânienne

Certains parents ne jurent que par cette méthode d'une étonnante simplicité, pratiquée dans des cliniques privées en Europe, en Amérique et en Australie. Le traitement est d'une telle délicatesse qu'on est tenté de croire qu'il ne se passe rien, mais plusieurs études ont conclu à son efficacité. Les ostéopathes pensent qu'à la suite de leur naissance, certains bébés éprouvent une sensation constante de pression sur leur tête, et que cela se traduit par des pleurs, des hurlements, des coliques et une grande irritabilité. Grâce à leur sens affiné du toucher, ils pratiquent un massage crânien presque imperceptible afin de repérer les tensions à l'œuvre dans le corps du nourrisson. Ils peuvent aussi soulager des bébés ou des enfants plus âgés affectés par des problèmes particuliers. Cette technique est particulièrement adaptée aux conséquences des accouchements difficiles (recours au forceps ou au *vacuum extractor*).

L'homéopathie

Si cette méthode thérapeutique est controversée, elle ne peut nuire en aucun cas à votre enfant. De nombreux parents apprécient cette médecine fondée sur le principe de similitude (« combattre le mal par le mal ») et sur des dilutions infinitésimales. Normalement, le médicament devrait provoquer des symptômes indésirables, mais comme il ne contient qu'une quantité infinitésimale de produit toxique, il aide le corps à se guérir lui-même. Il est possible de pratiquer chez soi l'automédication lorsque l'enfant a atteint un certain âge. Mais quand il s'agit d'un bébé ou d'une maladie chronique, il est indispensable de consulter un médecin homéopathe aux compétences reconnues. Un nourrisson élevé au sein peut être traité par l'intermédiaire de sa mère.

La phytothérapie

Depuis des millénaires, on utilise les herbes médicinales pour guérir l'ensemble des maladies. Ces herbes doivent toujours être consommées avec prudence, car les effets peuvent être aussi puissants que ceux des médicaments chimiques. En Allemagne et en Autriche, il est d'usage de prescrire des infusions de camomille et de fenouil contre la colique. Mais il est préférable que la mère boive elle-même ces tisanes si elle allaite son nourrisson. La médecine chinoise traditionnelle connaît elle aussi un succès de plus en plus vif dans les pays occidentaux ; elle emploie des herbes pour traiter la colique, l'agitation et toutes sortes d'autres problèmes. Mais vous devez toujours demander son avis à un herboriste compétent.

– Le saviez-vous ? –

Autrefois, les mères donnaient du magnésium aux enfants grognons. Mais attention : vous risquez ainsi de déclencher une diarrhée ! Si vous allaitez votre bébé, le meilleur moyen d'augmenter son taux de magnésium consiste à consommer davantage d'aliments qui en sont riches, comme les légumes à feuilles.

De l'or dans les mains

Parmi toutes les techniques que les nouveaux parents doivent acquérir, le massage est sans doute la plus importante. On l'emploie depuis la nuit des temps, et dans presque tous les pays du monde, pour consoler, apaiser et amuser les nourrissons.

Autrefois, je considérais le massage comme une spécialité complexe, réservée aux professionnels et exigeant des huiles exotiques. En réalité, aucune manipulation sophistiquée n'est nécessaire pour masser un bébé, d'autant plus qu'il n'est pas question de pétrir ou d'étirer sa peau délicate. Il est également préférable d'éviter les huiles essentielles, dont les arômes distillés pourraient être trop puissants. Un bébé n'a besoin – et ne désire – que les petites caresses auxquelles nous recourons instinctivement.

Le massage réunifie le corps de l'enfant et le fait frissonner de plaisir. Dans certaines civilisations traditionnelles, il reçoit trois massages quotidiens, voire davantage : la mère, les grands-mères, les sœurs et les frères aînés, personne ne ménage ses efforts pour offrir un contact affectueux au benjamin de la famille. Certains affirment que le massage embellit le nourrisson ; d'autres s'en servent pour guérir les migraines et les douleurs d'estomac, parce que selon eux c'est un bon moyen de stimuler le développement du système nerveux et d'apaiser les pleurs.

Chez certains peuples, le massage occupe une telle place dans l'éducation des petits enfants qu'on lui attribue une valeur spirituelle. Ainsi, les Zinacantecos du Mexique pensent qu'il faut le pratiquer fréquemment pour protéger leur âme. Aux îles Fidji, les mères massent leurs nourrissons juste avant l'endormissement.

Le petit d'homme est beaucoup plus sensible aux contacts que son cousin poilu, le petit singe. Le massage est bénéfique pour son équilibre et sa santé, et il permet de le calmer, soit à titre préventif, soit une fois qu'il a commencé à s'agiter.

– Le saviez-vous ? –

Masser un nourrisson consiste à caresser doucement sa peau. Asseyez-vous par terre dans une pièce sombre, enroulez votre bébé dans une serviette éponge, installez-le dans le creux de vos jambes et demandez-lui s'il a envie d'un petit massage. Il apprendra vite à vous faire comprendre qu'il n'attend que cela. Adoucissez vos mains avec un peu d'huile d'amandes douces et caressez-le avec l'extrémité de vos doigts. Continuez aussi longtemps qu'il semble apprécier.

Un nid douillet

Cela fait 4 000 ans qu'on emmaillote les nouveau-nés dans des langes, la Bible fait d'ailleurs mention de cet usage. Mais rares sont les parents qui savent que cette coutume se perpétuait encore récemment dans de nombreuses régions, car elle a pratiquement disparu des pays occidentaux.

Durant des millénaires, on a cru qu'il était essentiel pour sa santé d'enrouler le bébé très serré dans une série de couches successives, au point de le transformer en une véritable momie miniature. Sinon, on craignait qu'il attrape froid dans les courants d'air, qu'il devienne raide ou difforme, ou – pis encore – qu'il se mette à pleurer.

L'emmaillotement était une manière d'amortir les réactions de l'enfant face au monde extérieur. Cela l'encourageait à la passivité. Plutôt que de se balancer au rythme des gestes maternels, comme c'était la règle en Afrique et dans les autres pays chauds, le nourrisson était prisonnier d'une multitude de couches de tissu. Ainsi, dans l'Angleterre médiévale, il fallait deux heures à une domestique pour emballer un bébé dans ses innombrables vêtements : tricot de peau, jupon, bande ventrale, couche en étoffe, têtière, camisole, sans oublier quelques mètres de langes. La têtière était même attachée aux épaules par une bande de tissu, de manière à l'empêcher de tourner la tête à droite ou à gauche.

Le résultat, c'était une sorte de paquet immobile qu'on pouvait suspendre à un crochet fixé au plafond de la cuisine afin qu'il mijote dans son propre jus (pratique considérée elle aussi comme bénéfique à la santé du nourrisson). Si les mères du Moyen Âge recherchaient avant tout la paix et la tranquillité, leur méthode s'avérait d'ordinaire efficace. Des études actuelles ont en effet montré que l'emmaillotement ralentit le rythme cardiaque, régularise la respiration et provoque artificiellement des heures de profond sommeil.

L'emmaillotement n'est plus à la mode dans de nombreux pays, mais il demeure très populaire en Russie et dans quelques autres pays. Ses inconvénients principaux sont la multiplication des zones irritées et la carence de contact peau contre peau. Autant le bébé africain fermement maintenu contre le corps maternel est rassuré par la présence et par les mouvements de cette dernière, autant l'enfant emmailloté souffre d'un manque de câlins et de contact physique. En outre, si certains bébés apprécient d'être étroitement attachés, un peu comme dans le ventre de leur mère, d'autres résistent quand on veut restreindre leur liberté de mouvements.

Cependant, l'emmaillotement peut à coup sûr jouer un rôle dans notre monde trépidant et soumis à d'incessantes stimulations. Si votre bébé pleure beaucoup, c'est peut-être parce qu'il a la nostalgie du ventre maternel protecteur. Vous pouvez essayer d'y remédier en lui attachant les bras contre les flancs et en l'enroulant dans du tissu. Si les langes ne le calment pas par eux-mêmes, ils l'aideront à se concentrer sur les berceuses que vous lui chantonnez et sur le délicat va-et-vient qui vous sert d'habitude à l'apaiser.

Selon certains médecins, l'emmaillotement est efficace parce qu'il reproduit les conditions de vie dans le ventre maternel, lorsque les bras et les jambes de l'enfant étaient repliés contre son corps. Ils estiment qu'un bébé n'apprécie pas toujours la sensation étrange d'avoir les membres qui moulinent librement dans l'espace. S'il est particulièrement sensible, il peut être débordé par l'afflux de messages envoyés au cerveau par ses mains et par ses pieds. En l'enveloppant fermement, vous tarirez par là même cette source de désarroi et d'agitation.

L'emmaillotement a toujours été un sujet controversé. Les éducateurs du XVIIIe siècle faisaient campagne contre lui, alors que certains auteurs actuels souhaitent son retour en grâce. La réponse, comme toujours, ne dépend pas des experts, mais des goûts individuels de votre bébé. S'il a envie d'être maintenu fermement, essayez la méthode très simple exposée cidessous. Mais n'oubliez pas que de nombreux enfants apprécient la liberté afin d'explorer le monde qui les entoure grâce aux mouvements spontanés de leurs doigts et de leurs orteils. Et la plupart préféreront être attachés contre le corps mobile de leur mère plutôt que de devenir des prisonniers solitaires.

– Le saviez-vous ? –

Voici une méthode très simple d'emmaillotement : prenez un drap d'enfant de forme carrée et ramenez l'un des coins au centre du drap. Déposez votre bébé en plaçant son cou à la limite de la partie repliée. Maintenez l'un de ses bras vers le bas, recouvrez-le avec un autre coin que vous glisserez sous son dos. Recouvrez ses pieds avec la partie inférieure du drap, puis répétez l'opération avec le second bras. Une fois le « paquet » terminé, votre enfant doit avoir les jambes recourbées, mais les bras tendus.

Un petit tour de magie...

S'il vous arrive parfois de réciter une prière pour votre bébé en larmes, dites-vous que des millions de parents en font autant de par le monde. La spiritualité n'a peut-être pas voix au chapitre dans les manuels de puériculture, mais elle va de soi pour les peuples d'Afrique, d'Amérique latine, d'Extrême-Orient et d'Australie.

Je ne vous conseille pas de reproduire exactement les rituels employés pour apaiser les pleurs. Mais vous pouvez élaborer vos propres tours de magie, car nous avons tous besoin quelquefois d'une intervention divine...

- Sur l'île japonaise d'Okinawa, il existe un rituel ancestral pour calmer les nouveau-nés. Il débute à marée basse, lorsque les vieilles femmes du village se rassemblent autour de la maison où une naissance vient d'avoir lieu. Elles battent des mains, tapent sur des pots et des casseroles, et scandent : « Souhaitons que cet enfant soit toujours rieur et affable ! » Puis la grand-mère du bébé récupère le placenta dans de la paille de riz et l'enterre à l'extérieur, près du foyer. Une grosse pierre est posée par-dessus afin d'empêcher le bébé de bondir dans son sommeil.

- En Sibérie, le peuple mansi affirme que les pleurs nocturnes se produisent lorsque l'âme d'un ancêtre s'introduit dans le corps d'un nourrisson. Ils pratiquent un rituel visant à découvrir le nom de cet ancêtre et à le chasser du corps de l'enfant, dont les larmes s'interrompront alors.

- Chez les Seri du Nouveau-Mexique, les femmes récupèrent des brindilles sur le nid de l'« oiseau qui dort l'après-midi » et les brûlent en quatre petits tas disposés autour de l'enfant qui pleure. Tandis que les fumées s'élèvent, la mère psalmodie des incantations dans lesquelles elle prie l'esprit de l'oiseau d'apaiser son nouveau-né.

– Le saviez-vous ? –

Religion et magie jouent un rôle primordial dans les médecines traditionnelles depuis les origines de l'humanité. Les shamans (magiciens ou magiciennes) pratiquaient des rituels pour apaiser les enfants malades ou agités. Aujourd'hui encore, quand nous posons nos lèvres sur un endroit sensible pour chasser la douleur, nous reproduisons un geste ancestral destiné à aspirer le venin d'un serpent ou le mauvais esprit qui est entré dans le corps de l'enfant. Pour être en mesure de le soulager, nous devons avoir confiance dans nos pouvoirs de guérisseurs...

LA RÈGLE N° 6 EN BREF

- N'ayez pas peur d'expérimenter de nouvelles idées. Votre bébé vous communiquera vite ses préférences, et chacune de vos « erreurs » sera une excellente leçon.
- Détendez-vous, laissez-vous aller, et votre enfant partagera avec vous ces moments de bonheur.
- Baignez-vous avec lui, dansez avec lui... Profitez ensemble des plaisirs de la vie.
- Les massages doivent devenir une habitude quotidienne : ils le calmeront et favoriseront le développement de son système nerveux.
- Initiez-vous aux techniques ancestrales de l'emmaillotement pour apaiser votre bébé.
- Explorez les médecines douces qui vous attirent, et élaborez vos propres rituels. Depuis des millénaires, les parents recourent aux prières et aux formules magiques pour sécher les larmes de leurs petits enfants.

Règle nº 7

Donnez sans compter

« La vraie générosité envers l'avenir consiste à tout donner au présent. »

Albert CAMUS, *La Peste*.

Sein ou biberon ?

Je suis une partisane convaincue de l'allaitement, mais je crois avec la même conviction qu'une maman ne doit pas éprouver de sentiment de culpabilité ou d'échec parce qu'elle élève son enfant au biberon. Nous savons toutes que le lait maternel est idéal, et nous essayons toutes d'en donner à notre bébé. Si cela ne marche pas, ce n'est pas de la faute des femmes qui en souffrent physiquement et moralement, mais de la société qui se montre incapable de leur apporter le soutien nécessaire.

Quel que soit votre choix, quelles que soient les circonstances, il est trop tard pour éprouver des regrets et des doutes. Et vous n'avez pas besoin qu'un auteur de guide pratique vous explique que vous avez tout faux ! Au bout du compte, l'alternative entre sein ou biberon est secondaire : l'essentiel, c'est la manière dont vous nourrissez votre bébé.

Si vous lui donnez le biberon, ce n'est pas une raison pour refouler vos sentiments et pour le priver des câlins, des caresses et de la douceur qui accompagnent automatiquement l'allaitement. Plus vous serez tendre avec lui, mieux vous communiquerez tous les deux, et moins il pleurera.

Voici quelques suggestions pour humaniser le biberon :

- Faites-lui toujours un câlin pendant qu'il tète et regardez-le dans les yeux. Essayez de ne jamais le laisser tout seul avec son biberon et évitez qu'il se détourne de vous.
- Laissez-le vous caresser la peau pendant la tétée. Déshabillez-vous un peu pour rendre ce moment plus intime.
- Anticipez les tétées afin qu'il n'apprenne pas à réclamer son biberon à grand renfort de hurlements. En satisfaisant rapidement sa faim, vous limiterez ses pleurs.
- Les longs intervalles entre les repas amènent votre enfant à téter goulûment et à aspirer beaucoup d'air. Il est donc indispensable de le maintenir bien droit pendant que vous lui donnez le biberon, puis de le laisser faire ses renvois après manger.

Il arrive que la composition du lait soit à l'origine des pleurs. La plupart des laits en poudre sont à base de lait de vache ; or, celui-ci est prévu pour assurer le développement des veaux, et non pas des petits d'homme. Le lait de chèvre se rapproche davantage de la composition idéale, qui serait évidemment celle du lait de gorille ! Malheureusement, il est très difficile de domestiquer une femelle de gorille et de l'obliger à fournir une production commerciale... Si votre bébé est nourri au lait de vache, c'est simplement parce qu'il s'agit d'un animal très facile à élever.

Comme ils ne possèdent qu'un seul estomac (alors que les bovins en ont deux), il est logique que certains enfants aient du mal à assimiler des éléments peu digestes, tels que les acides gras, le fer et les protéines. Un bébé met quatre heures à digérer du lait de vache, contre seulement vingt minutes pour du lait maternel. Des études ont ainsi montré qu'un enfant élevé au biberon a trois fois plus de chances d'être hospitalisé pour une affection respiratoire sérieuse qu'un enfant nourri au sein. Il est possible que l'explication réside dans la nature du lait.

Pourtant, de nombreux médecins rechignent à modifier l'alimentation de l'enfant, même en cas de renvois fréquents ou de coliques. Ils font remarquer que les pleurs s'apaisent souvent vers l'âge de trois mois, c'est-à-dire à l'époque où l'on modifie le régime. Ils sont sceptiques à l'égard des relations de cause à effet, d'autant plus que certains nourrissons réagissent encore plus mal au lait de soja qu'aux produits traditionnels.

Vous devez donc suivre votre instinct. Un changement de régime peut apporter une amélioration, mais le meilleur remède consiste sans doute à offrir à votre bébé le réconfort physique dont il a autant besoin que d'une alimentation adaptée.

– Le saviez-vous ? –

Les tentatives de mise au point de laits maternisés ont débuté vers 1860, mais il a fallu attendre les années 1920 – et la pasteurisation – pour disposer de produits sans danger. Aujourd'hui, après des décennies de marketing intensif dans le monde entier, la plupart des bébés consomment du lait de vache modifié par des procédés chimiques.

Derrière le sein, le cœur

Contrairement à une opinion répandue, presque toutes les mères sont capables d'allaiter. Quand une femme peut concevoir un enfant et le mettre au monde, la Nature fait en sorte qu'elle puisse aussi lui donner le sein. À moins qu'elle n'ait subi une opération chirurgicale ou un traumatisme au niveau des tissus ou des mamelons, n'importe quelle maman est en mesure de nourrir son enfant pendant au moins les six premiers mois.

Cette vérité est trop souvent occultée, si bien que beaucoup de femmes s'imaginent le contraire aujourd'hui. Or, l'aspect psychologique est essentiel : pour pouvoir allaiter, il faut d'abord le vouloir de tout son cœur.

Peu importe la forme de vos mamelons, les difficultés de l'accouchement ou la quantité de lait que vous pouvez fournir (celle-ci augmentera de jour en jour grâce à la stimulation produite par les tétées). En fait, tout dépend de votre environnement. Dans les sociétés qui apportent un soutien chaleureux, concret et spirituel à l'allaitement maternel, dans les pays où les pères et les belles-mères l'approuvent massivement et où personne ne vient vous embêter ou vous demander de vous rhabiller et d'aller faire ça plus loin, toutes les femmes peuvent donner le sein.

Quand 100 % des mères allaitent (une situation que l'on rencontre chez de nombreux peuples), aucune d'entre elles ne se soucie de problèmes aussi mineurs que l'engorgement des seins ou leur éventuel tarissement. En cas de difficultés, elles sont persuadées que tout va s'arranger, et leur entourage également. C'est le soutien de leurs proches qui leur permet de continuer à nourrir leur enfant.

Les ethnologues ont remarqué que ces femmes allaitent fréquemment, mais en petite quantité, dès que le nourrisson commence à s'agiter ou à pleurer. Elles ne regardent pas leur montre et ne respectent aucun horaire strict. Une telle approche exige une grande disponibilité, mais elle est efficace. Durant toute l'histoire de l'humanité, les mères ont répondu sans délai aux demandes de leur nourrisson. C'est aujourd'hui encore la meilleure méthode, car elle présente toute une série d'avantages :

- Les stimulations du nourrisson produisent la quantité de lait nécessaire pour le lendemain.
- La prise de poids est plus rapide.
- Les pleurs sont limités.
- La maman rencontre moins de problèmes du type engorgement ou gonflement des seins.
- Le retour des règles est différé, ce qui renforce les effets contraceptifs.

Une étude menée aux États-Unis s'est efforcée de comparer les mères qui donnaient le sein à intervalles de trois heures ou davantage et celles qui répondaient très vite aux demandes exprimées par leur bébé. Il s'est avéré que les bébés les plus calmes étaient ceux qui étaient nourris selon des intervalles très brefs *et* dont la mère réagissait dès qu'ils commençaient à pleurer. Telle était la combinaison la plus efficace.

La générosité est la condition *sine qua non* d'un allaitement réussi. Toutes les limitations imposées au nombre de tétées et à leur durée – et en particulier leur suppression pendant la nuit – risquent de désorganiser, voire de saboter l'ensemble du processus. Les bébés aiment boire souvent, en petite quantité, et *tout de suite* ! Nourrir son enfant est un acte d'amour.

– Le saviez-vous ? –

Il arrive que les nouveau-nés qu'on laisse téter à volonté et dormir près de leur mère ne maigrissent pas au lendemain de leur naissance. À Londres, on a observé que le phénomène très classique de la perte de poids néonatale épargnait certains bébés qui avaient vu le jour au domicile parental et qui bénéficiaient de fréquents contacts peau contre peau et d'un libre accès au sein maternel vingt-quatre heures sur vingt-quatre. En fait, leur poids demeurait stable pendant trois jours, avant de recommencer à augmenter.

Un signal d'alarme

Nous avons vu que les pleurs constituent une partie d'un très ancien système d'appel et de réaction. Le petit d'homme est si désarmé à la naissance qu'il a besoin d'un signal d'alarme afin que ses parents se précipitent vers lui au moindre incident. Le simple fait de se retrouver tout seul suffit parfois à déclencher ses larmes. Mais la cause de loin la plus fréquente est le besoin de téter.

Les théories actuelles ont tendance à distinguer deux phénomènes différents dans l'allaitement : la faim et le désir de réconfort. On nous recommande donc de limiter la durée de la tétée pour que l'enfant ne continue pas à suçoter une fois rassasié. Pourtant, le tout petit bébé éprouve un besoin énorme de téter (et de recevoir les caresses qui vont avec). Des tests ont montré qu'on le calmait beaucoup plus facilement en le prenant dans ses bras (même s'il doit attendre pour satisfaire sa faim) qu'en le gavant au biberon sans le serrer contre soi.

Dans de nombreux pays, les mères ne se demandent même pas pourquoi leur bébé a envie de téter aussi souvent. Comme elles ne peuvent pas mesurer la quantité de lait qui lui est nécessaire, elles ont tendance à penser que chaque tétée lui est bénéfique. Peut-être savent-elles que l'estomac d'un nouveau-né est de la taille d'une noix : elles doivent donc l'allaiter fréquemment, mais très peu à chaque fois.

Un nourrisson qui pleure beaucoup est fatalement considéré comme « difficile ». Cependant, une étude très intéressante suggère que les larmes peuvent être utiles, en particulier pour surmonter des situations très périlleuses. Dans les années 1970, le chercheur néerlandais Marten de Vries a étudié treize bébés masaï au Kenya et les a classés en deux catégories, en fonction de leur propension à pleurer : « difficiles » ou « faciles ». Lorsqu'il est revenu au bout de trois mois d'absence, sept d'entre eux étaient morts à cause d'une terrible sécheresse. Curieusement, une seule de ces petites victimes avait été cataloguée comme « difficile ». Les six autres étaient des nourrissons qui pleuraient peu.

Les pleurs sont un indicateur de la faim. Ils obligent les parents à se soucier de leur enfant, à essayer de le calmer en lui offrant un supplément de tétées, de stimulations et d'attention. Dans certaines circonstances, les pleurs peuvent donc être bénéfiques. Lorsque votre bébé hurle à pleins poumons, dites-vous qu'il est particulièrement intelligent et que son attitude lui sauvera peut-être un jour la vie.

– Le saviez-vous ? –

Une étude effectuée à la Jamaïque a démontré que les nouveau-nés qui pleuraient avant d'être allaités prenaient plus de poids que ceux qui restaient silencieux. On peut en déduire deux hypothèses : soit les hurlements obligent la mère à donner davantage le sein, soit les enfants voraces pleurent davantage que les autres.

Au cœur de la forêt vierge

Il existe des liens très particuliers entre les pleurs et l'allaitement. Selon les scientifiques, la voix du bébé, y compris ses hurlements, stimule le réflexe de sécrétion du lait chez la mère. Ces émissions vocales peuvent même aider une maman qui vient de mettre son enfant au monde à démarrer l'allaitement. Il s'agit d'une réaction instinctive et hormonale qui provoque un fourmillement du mamelon et de l'aréole, et même parfois des douleurs du sein.

Les pleurs sont donc pour l'enfant un moyen de préparer sa mère à le nourrir. Mais il existe bien sûr d'autres manières de faire couler le lait. Des études américaines ont ainsi mis en évidence le rôle du contact peau contre peau. Chez certains peuples, les sages-femmes massent régulièrement la poitrine des jeunes accouchées afin de stimuler la lactation.

Le contact de l'eau est très efficace, surtout si vous vous passez une éponge sur les seins dans votre douche ou dans votre baignoire – mais évitez de les savonner, car votre enfant pourrait être rebuté par un parfum artificiel. Le bruit de l'eau courante est également un bon déclencheur, tout comme la sensation de chaleur : dans une région montagneuse du Guatemala, les femmes sont persuadées que la fraîcheur du climat peut faire tourner leur lait. Aussi réchauffent-elles leur maison avec des pierres placées dans le feu avant chaque tétée.

De votre côté, vous pouvez très bien vous imaginer en pleine forêt vierge, avec votre bébé dans les bras, collés l'un contre l'autre dans une atmosphère moite. Écoutez le bruissement du vent dans les feuilles des arbres (ouvrez votre fenêtre en gardant le chauffage allumé) et le chant d'une source claire (essayez avec le robinet de la baignoire !). Vous n'avez même besoin d'introduire le bout de votre sein dans la bouche de votre bébé : ce n'est pas un biberon, après tout ! Détendez-vous, et attendez qu'il tourne la tête vers vous et qu'il ouvre la bouche comme un petit oiseau qui mendie la becquée. Il finira bien par trouver votre mamelon tout seul. Le système appel-réponse marche comme sur des roulettes !

– Le saviez-vous ? –

Si votre bébé s'agite après la tétée, c'est peut-être parce qu'il préférerait s'alimenter dans une position plus verticale. Couché sur le dos, en effet, il aspire davantage d'air (imaginez qu'on vous oblige à digérer vos repas dans une position horizontale ou avec la tête renversée en arrière !). L'estomac ballonné produit des gaz qui font souffrir le nourrisson. Il est donc préférable de le laisser se balancer le plus possible, un peu comme les enfants des peuples nomades qui doivent téter en mouvement. Quand la mère continue à se mouvoir tout en allaitant, l'enfant a rarement besoin de faire un renvoi.

Paix et sérénité

Le moyen le plus répandu à travers le monde pour faire taire les nourrissons consiste à leur glisser un objet dans la bouche. Faute d'un bout de sein authentique, on a recours à des imitations du genre tétine ou sucette, fabriquées d'ordinaire en caoutchouc, et munies d'une petite boucle en plastique à une extrémité.

Dans les pays occidentaux, la tétine inspire des sentiments mitigés. De très nombreux enfants l'utilisent, mais leurs parents doivent affronter la réprobation de leurs pairs et des médecins. Pourtant, des études ont prouvé son efficacité : elle apaise le nourrisson, tout comme le fait de le prendre dans les bras ou de lui donner le sein. Il éprouve en effet un intense besoin de succion, et ce dès le ventre maternel, où il commence à sucer son pouce ou le dos de sa main afin de trouver un réconfort.

La tétine apporte indéniablement paix et sérénité. Autrefois, de nombreux parents en étaient conscients : dans la Russie du XVIIIe siècle, par exemple, on donnait aux bébés un petit sac en tissu rempli de pain imbibé de lait, afin qu'ils puissent le sucer. Mais dans d'autres civilisations, les femmes se sont toujours passé de tétine parce qu'elles offraient à leur enfant un accès au sein très fréquent.

En outre, les arguments médicaux ne parlent guère en faveur de la tétine. Hormis les questions d'hygiène (on la ramasse quelquefois par terre pour la rendre au bébé qui la réclame), il est évident qu'elle nuit au développement de l'enfant.

La tétine est un frein à l'apprentissage de la langue. Au lieu d'écouter son propre babillage, le bébé est réduit artificiellement au silence. Ses parents et plus généralement les personnes qui s'occupent de lui ont tendance à moins lui parler puisqu'il est incapable de répondre. Par ailleurs, la tétine risque de déformer le palais (tout comme l'habitude de sucer son pouce) et d'entraîner des difficultés d'élocution et une croissance irrégulière des dents. Elle empêche également l'enfant de porter des objets à sa bouche et le prive donc, lorsqu'il parvient à ce stade, d'un moyen d'explorer le monde qui l'entoure.

Enfin, la tétine risque de perturber l'allaitement si l'enfant l'utilise plus de deux heures par jour. La raison en est très simple : la succion est indispensable pour générer les hormones qui produiront le lait du lendemain ; si le bébé suce autre chose que le sein maternel, les signaux nécessaires ne sont pas envoyés.

La tentation est forte de donner une tétine à votre enfant quand il pleure et que vous avez besoin d'un peu de répit. Ce n'est pas un crime que d'y céder. Mais aucun substitut en caoutchouc ne lui offrira la souplesse, la richesse tactile et la douceur du sein maternel.

– Le saviez-vous ? –

Au Japon, seuls 2 % des bébés utilisent une tétine, contre 80 % en Autriche. Bien que de nombreuses Autrichiennes allaitent leur enfant, elles sont persuadées qu'il ne peut pas se passer d'une tétine. Les médecins ont lancé une campagne pour les convaincre du contraire.

Ne gâchez pas la fête !

Pour justifier leur refus d'aller chercher les enfants qui pleurent, la plupart des gens disent qu'à force de céder, on finit par les gâter. Certaines mamans auraient été ravies de porter leur bébé en permanence, de lui donner le sein fréquemment et de le traiter comme la huitième merveille du monde, mais on les oblige à restreindre leur générosité, de peur qu'il ne devienne capricieux en grandissant. Des formules du style : « Il te fera marcher au doigt et à l'œil », les amènent à se prendre pour des esclaves de leur enfant, alors qu'elles ne font que subvenir à ses besoins élémentaires.

Cette attitude révèle une incompréhension totale de ce qu'est un bébé. Le nouveau-né puis le nourrisson n'ont rien à voir avec un enfant de dix ans : ils forment une espèce à part et présentent toute une série de besoins spécifiques à leur classe d'âge. Quand un bébé pleure – autrement dit quand il vous demande quelque chose –, il ne cherche pas à vous manipuler ou à vous piéger. Ses appels, ses besoins, ses exigences ne sont pas des caprices, mais des éléments vitaux pour son bien-être immédiat, et à plus long terme pour sa santé.

Lorsque vous satisfaisez l'une de ses demandes fondamentales, vous rétablissez son harmonie. Il ne se réjouit pas de sa victoire, il ne comprend pas que vous avez consenti un sacrifice, il ressent simplement une sorte d'épanouissement. Faire un don à votre bébé, c'est comme remplir le réservoir de votre voiture. Sa survie dépend de votre générosité. Et il a besoin que vous fassiez le plein un nombre incalculable de fois avant d'être capable de se débrouiller tout seul. Il vous appartient donc de lui assurer un avenir heureux.

Lorsque nous ignorons les pleurs d'un enfant, nous lui enseignons une bien curieuse leçon : nous lui expliquons que toute tentative de communication est promise à l'échec. Il ne peut pas se douter qu'il a eu la malchance de naître dans un pays et à une époque où la mode veut qu'on apprenne aux bébés à accéder prématurément à l'indépendance. Si nous continuons à ignorer ses cris, il éprouve de la contrariété, de la frustration, voire un véritable désespoir. Il s'est engagé dans un combat perdu d'avance. Il s'habitue alors soit à pleurer pour la moindre vétille, soit à devenir totalement silencieux.

Il n'y a rien de plus triste pour un bébé que d'être privé de tout contact humain. Les nourrissons élevés dans des orphelinats ou dans des institutions traditionnelles sont sujets au « marasme infantile », une pathologie très grave qui se traduit par de l'indifférence et de l'apathie. Le petit malade cesse de pleurer et de réagir à son environnement. Il présente tous les symptômes de la dépression.

Un bébé ordinaire élevé dans une famille ordinaire reçoit beaucoup trop d'attention et de stimulations pour courir un tel risque. Mais nous ne devons jamais mépriser ses pleurs. Il a besoin qu'on s'occupe de lui, qu'on le câline, qu'on l'allaite, qu'on le fasse participer à la vie collective. Après tout, c'est pour cela qu'il est né. Un jour, votre enfant sera suffisamment grand pour ne plus avoir besoin de toute cette attention, et vous pourrez alors l'encourager à compter sur ses propres forces. Mais en attendant, n'hésitez pas à le gâter autant que vous en avez envie !

– Le saviez-vous ? –

Au Japon (comme dans beaucoup d'autres pays), les parents ne cherchent pas à rendre leurs enfants indépendants, mais interdépendants. Cela signifie qu'ils mettent l'accent sur des valeurs communautaires telles que le don, le partage et la coopération. Les bébés se voient reconnaître leur droit à l'*amae*, autrement dit à la dépendance, et tout le monde est ravi de satisfaire les besoins spécifiques de leur âge.

LA RÈGLE N° 7 EN BREF

- Si vous décidez d'élever votre enfant au biberon, faites-le avec beaucoup d'assurance et de fierté, et non pas avec des regrets ou des remords. Les bébés nourris au biberon apprécient autant les contacts physiques que ceux qui sont allaités.
- Il est prouvé que l'allaitement est excellent pour l'enfant, mais sa mère a besoin d'un soutien accru pour pouvoir lui donner le sein en toute liberté et avec succès.
- Les tétées fréquentes et les réponses rapides réduisent les pleurs du nourrisson.
- En cas de problème, les pleurs sont bénéfiques car ils encouragent la mère à nourrir son bébé ou à satisfaire ses autres besoins. Le nourrisson a recours à toutes sortes de moyens sensuels pour stimuler la production de lait maternel.
- Vous ne nuirez jamais à votre enfant en lui offrant trop d'amour et d'attention.

Règle n° 8

Rien de tel qu'un gros dodo !

« Le cerveau de votre enfant est peut-être le fruit de plusieurs millions d'années de sélection naturelle, durant lesquelles les mères dormaient avec leur petit. À cette époque, quand un bébé se retrouvait seul la nuit, c'était souvent parce qu'un drame s'était produit – parce qu'un fauve avait dévoré sa mère, par exemple. Le cerveau de votre enfant est peut-être programmé pour réagir à ce genre de situation en poussant des hurlements déchirants, afin d'alerter les autres membres de la famille qui se trouveraient à proximité. Bref, si la solitude terrorise les bébés, ils ont peut-être de bonnes raisons pour cela. C'est du moins une hypothèse à méditer. »

Robert WRIGHT, écrivain américain

Le berceau humain

Les pleurs représentent l'état d'éveil maximum chez le nourrisson, celui durant lequel son corps s'agite le plus. À l'inverse, le sommeil est son état le plus passif, et donc le plus reposant pour ses parents. Voilà pourquoi nous dépensons autant d'énergie à convaincre nos enfants d'arrêter de pleurer et de s'endormir. C'est aussi pour nous un moyen de fermer l'œil pendant quelques heures...

Même si vous ne vous en rendez pas compte, votre métier de parents s'exerce pour moitié pendant la nuit. Le fait que votre bébé dorme dans une chambre à part ou à côté de votre lit constitue donc une énorme différence, aussi bien pour lui que pour vous ! Dans les sociétés traditionnelles, le nourrisson dort toujours près de sa mère, de manière à ce que celle-ci puisse l'allaiter dans un demi-sommeil, et sans avoir à se relever.

Votre bébé est l'héritier d'une très ancienne coutume qui voulait que les êtres humains dorment ensemble. Et il suffit de la remettre en vigueur pour limiter ses pleurs. De nombreux nourrissons qui passent la nuit avec leurs parents n'éprouvent aucune envie de pleurer. Quant à leurs parents, ils sont rarement réveillés et ne sont jamais obligés de se relever.

La raison en est simple : les tout petits enfants retirent une sensation de bien-être des contacts humains. Lorsqu'ils dorment près de leurs parents (ou d'autres personnes), ils bénéficient de toute une gamme de stimulations très subtiles : mouvements des autres corps, chaleur, contact peau contre peau, bruits de respiration, souffle des dormeurs. Mieux encore, ils jouissent d'un libre accès au sein maternel.

Les spécialistes de la mort subite du nourrisson ont compris l'importance de ces divers éléments : ils entretiennent son bon état général, ils l'incitent à ne pas oublier de respirer, à dormir plus régulièrement, à réguler sa température corporelle, à se réveiller en douceur, sans produire davantage d'hormones de stress. Les bébés n'ont pas besoin de longues heures de sommeil profond – cela peut même leur être nocif. En revanche, un environnement chaleureux et réactif les incite à rester en vie.

De nos jours, les scientifiques s'accordent à dire que l'espèce humaine est conçue pour le sommeil léger. Nous nous réveillons en moyenne trente-sept fois au cours de la nuit (soit toutes les treize minutes !), la plupart du temps sans en avoir conscience. Le sommeil léger est une protection, car il nous permet de percevoir un éventuel danger. Nous devons être en mesure de réagir rapidement face à l'approche d'un tigre, face à un incendie, ou devant l'un des périls du monde moderne. Le sommeil léger est encore plus vital pour les enfants en bas âge, parce qu'il les aide à garder le contact avec leurs parents, à s'alimenter et à continuer à respirer.

Contrairement à une opinion très répandue, le problème ne vient pas de ces réveils fréquents, mais de notre incapacité à nous rendormir. Chez certains peuples, les gens se réveillent en pleine nuit pour échanger une plaisanterie, avant de replonger aussitôt dans le sommeil. Dans les pays occidentaux, nous laissons souvent les bébés pleurer au réveil, de sorte qu'ils n'ont pas l'occasion de pratiquer leur technique innée de réassoupissement automatique. En outre, nous les habituons à dormir dans des conditions dignes d'un laboratoire : lumières éteintes, matelas bien ferme, oreiller soigneusement disposé. Et bien que les gens dorment ensemble dans toutes les autres parties du monde, nous imposons des nuits solitaires à nos bébés puis à nos enfants.

La Nature a conçu le nourrisson pour qu'il dorme avec des compagnons. Voilà pourquoi il proteste quand on le met à l'écart ou quand il se réveille tout seul. Les pleurs sont intimement liés aux problèmes de sommeil. On a écrit des bibliothèques entières sur l'apprentissage du sommeil en solitaire et sur les remèdes à apporter aux conséquences de cette étrange pratique : hurlements, coups de tête contre les parois du berceau, recherche de réconfort, cauchemars, angoisses.

Dans les pays occidentaux, de nombreux parents sont très étonnés d'apprendre que les problèmes de sommeil n'existent pas en Afrique, en Asie et en Amérique latine. Le bébé, couché près de ses parents, émerge du sommeil et y replonge aussitôt, exactement comme lorsqu'il dormait dans le ventre maternel. Quant aux parents, une fois accoutumés à ses petits gargouillis et à ses mouvements, ils peuvent enfin profiter d'un repos bien mérité...

– Le saviez-vous ? –

Selon une étude menée auprès de quatre-vingt-dix peuples de la planète, les parents dorment habituellement avec leur bébé chez soixante et onze d'entre eux. D'autres recherches portant sur les classes moyennes en Grande-Bretagne ont révélé que 18 % seulement des mères qui dorment avec leur enfant l'avouent à leur médecin.

Confidences sur l'oreiller

Le nouveau-né est un être si fragile que tous les parents souhaitent lui assurer une protection maximale. C'est pourquoi ils hésitent à le prendre dans leur lit, de peur de rouler sur eux-mêmes dans leur sommeil et de le blesser. Mais toutes les études révèlent que ce type d'incident est très rare. Sinon, l'espèce humaine n'aurait pas survécu jusqu'à nos jours. Les films vidéo montrent que les mamans continuent à s'occuper de leur bébé en dormant : elles le caressent, lui donnent un peu d'air, l'allaitent, le déplacent délicatement.

Cela dit, vous devez respecter certaines règles de sécurité évidentes lorsque vous prenez votre enfant dans votre lit. Tout d'abord, ni vous ni votre partenaire ne pouvez vous permettre :

– DE FUMER
– D'ÊTRE EN ÉTAT D'IVRESSE OU SOUS L'EMPRISE D'UN PRODUIT STUPÉFIANT
– D'ÊTRE TROP MALADE POUR VOUS OCCUPER DE VOTRE BÉBÉ
– DE DORMIR SUR UN CANAPÉ OU SUR DES COUSSINS REMPLIS DE POLYSTYRÈNE

Vous devez également y renoncer si votre enfant est :

– TRÈS MALADE (encore que ce soit peut-être le remède dont il a besoin. Dans le doute, interrogez votre médecin)
– MUNI D'UNE ATTELLE
– EMMAILLOTÉ (autrement dit incapable de bouger)

Voici à présent quelques astuces pour passer de bonnes nuits :

- Un bébé n'a pas besoin d'oreiller. Épargnez-lui cet accessoire inutile.
- Ne le couvrez pas exagérément : souvenez-vous des avantages du contact peau contre peau.

- En matière d'éclairage, contentez-vous du strict minimum, afin de pouvoir vérifier que tout va bien et de lui apporter les soins nécessaires.

- Le bébé se mouille peu pendant la nuit, car il ne se réveille pas complètement, mais vous pouvez le poser sur une serviette éponge si vous le souhaitez.

- Établissez vos propres habitudes en fonction de vos désirs. En général, les enfants que l'on porte toute la journée dans les bras n'ont besoin ni de routine ni de doudou.

- Soyez ferme sur les règles de couchage : ne laissez pas votre bébé s'installer au milieu du lit et vous repousser sur le bord. Quand il sera un peu plus vieux, vous devrez lui faire comprendre qu'il sera toujours le bienvenu, à condition de ne pas vous réveiller.

De nombreux parents s'inquiètent à l'idée que leur enfant refuse de déménager le jour ils voudront récupérer leur lit pour eux seuls. N'oubliez pas qu'en réconfortant votre bébé, vous le rendez plus sûr de lui, et qu'en l'allaitant, vous préparez son indépendance alimentaire. Le changement de lit est une étape comparable au sevrage, à la diversification du régime, à la suppression des couches ou à l'entrée à l'école.

Tout l'art d'être de bons parents se résume à nager avec le courant. Câlinez votre bébé, puis adaptez-vous à chaque stade de développement, mais sans essayer d'aller plus vite que la musique. Et puis ne vous attendez pas toujours au pire. Vous êtes peut-être en train de vivre les plus belles années de votre existence.

– Le saviez-vous ? –

L'une des raisons principales de la chute de la libido après l'accouchement est le manque de sommeil. En dormant avec votre bébé, vous ne serez plus réveillée en pleine nuit, et vous pourrez consacrer davantage d'énergie à votre partenaire. Essayez de passer un peu de temps avec lui et de souffler sur les braises de votre amour. Profitez du bon sommeil dont votre enfant bénéficie en début de soirée. Vous pouvez d'ailleurs l'emmener dans une autre pièce afin de préserver votre intimité.

L'allaitement nocturne

Allaitement nocturne, sommeil réparateur et pleurs limités : voilà le trio magique ! Les nourrissons ont besoin de s'alimenter vingt-quatre heures sur vingt-quatre, et c'est l'une des raisons principales pour lesquelles ils se réveillent la nuit et nous communiquent leur sentiment de panique et de solitude.

Par ailleurs, les femmes sont programmées pour somnoler pendant qu'elles donnent le sein. Du fait de modifications hormonales, la mère allaitante n'atteint pas le quatrième stade du sommeil, celui qu'on qualifie de « profond ». Mais l'action des gencives de son nourrisson sur l'aréole (le cercle de peau brune et très douce qui entoure le mamelon) agit à la manière d'un « somnifère hormonal », qui alourdit ses paupières.

Ces étranges réactions chimiques signifient que la maman est programmée pour s'assoupir en pleine tétée, et non pas pour se rendre sur la pointe des pieds dans une chambre d'enfant superbement décorée, afin de déposer son bébé dans un berceau solitaire. Son sommeil léger a pour but de lui permettre de protéger son enfant, et il est évident que la Nature a prévu que l'allaitement se poursuive au cours de la nuit, et non pas qu'il se restreigne à des horaires rigides durant la journée.

L'allaitement nocturne présente plusieurs avantages notables. D'abord, les tétées sont plus paisibles pendant la nuit. Comme il n'y a personne pour les surveiller ou pour les déranger, la mère et le nourrisson peuvent prendre tout leur temps. Une fois que vous aurez assimilé la position adéquate pour donner le sein couchée (allongée sur le flanc avec la jambe supérieure soutenue), votre bébé pourra téter tout son soûl sur vos deux seins. Il s'assoupira doucement tout en suçotant et finira par lâcher prise. Le lait contient des composants chimiques similaires à ceux que l'on trouve dans les somnifères les plus communément prescrits, et il en ressent bien sûr les effets.

Il est scientifiquement démontré que les tétées nocturnes favorisent davantage la sécrétion de prolactine que les tétées diurnes. La prolactine est une hormone qui stimule la production de lait pour les jours suivants. Elle joue également un rôle contraceptif en retardant le retour des règles, et assure ainsi une période de repos au système génital de la mère, tout en la protégeant contre différents types de cancers.

Quand on dit à une femme qu'elle n'a pas assez de lait pour nourrir son bébé, a-t-on pris la peine de vérifier si cela s'avérait exact sur une période de vingt-quatre heures ? Lorsque les règles réapparaissent précocement et qu'un nouvel enfant est conçu plus tôt que prévu, il n'est plus temps de s'interroger sur les vertus des tétées nocturnes...

Dans l'Europe du XVIIIe siècle, lorsque c'était la mode de confier les nouveau-nés à des nourrices, de nombreuses femmes mettaient au monde vingt enfants, voire davantage, à un rythme incessant. Autrement dit, elles n'étaient débarrassées de la « corvée » de l'allaitement que pour subir des grossesses à la chaîne et des accouchements extrêmement dangereux.

Chez les peuples qui vivent de la chasse et de la cueillette, et dont les femmes allaitent fréquemment nuit et jour, on observe un intervalle naturel de quatre ans entre deux naissances. L'être humain n'est pas conçu pour mettre au monde plus de sept bébés. Avant l'invention de la pilule, notre espèce était déjà garantie contre les risques de surpopulation, et chaque femme était protégée contre les fatigues excessives des naissances à répétition.

Les tétées nocturnes sont partie intégrante de l'allaitement. En gardant votre bébé près de vous, vous pourrez le nourrir tout en continuant à dormir.

– Le saviez-vous ? –

Les femmes qui allaitent n'ont pas besoin de porter de soutien-gorge la nuit. Si votre bébé est couché à vos côtés, il vous suffit d'entrouvrir un œil pour lui donner le sein. Ensuite, inutile de vous embêter avec les crochets, les boutonnières, les rabats et les fermetures à glissière...

La paix à tout prix...

Le sommeil est devenu un bien très précieux. Comme il nous fait défaut, nous nous efforçons d'y accoutumer nos enfants dès leur plus jeune âge. Les nouveau-nés sont soumis à des horaires rigoureux, car nous espérons ainsi nous épargner des ennuis et tuer dans l'œuf les problèmes qui pourraient apparaître par la suite. Il ne nous vient pas à l'esprit que ces programmes d'adaptation et ces horaires risquent de provoquer des pleurs supplémentaires et de créer de nouveaux problèmes.

L'un des moyens les plus efficaces pour prévenir les hurlements et endormir les enfants, c'est le recours aux médicaments. Cela ne date pas d'hier et concerne de nombreux pays, depuis les champs de pavot d'Afghanistan (où des mères désespérées droguent leurs bébés à l'opium afin qu'ils se tiennent tranquilles) jusqu'aux sédatifs et aux calmants anticoliques de nos armoires à pharmacie.

La plupart des sédatifs sont à base d'opium. Dans l'Antiquité, les Égyptiens donnaient à leurs nourrissons un mélange de graines de pavot et de crottes de mouche – mixture « aux effets immédiats », si l'on en croit le papyrus Ebers, un traité médical rédigé vers 1500 avant J.-C. À partir du XVIIIe siècle, une grande partie de la population occidentale (y compris les enfants en bas âge) s'est mise à prendre de l'opium pour lutter contre presque toutes les maladies. Au XIXe siècle, les médecins prescrivaient aux nourrissons le Cordial de Godfrey, un mélange d'opium, de mélasse et d'eau connu sous le nom de « Tranquillité ». On estime que des milliers de bébés mouraient chaque année à la suite de remèdes mal dosés par des mères de famille ou par des bonnes d'enfants. Aujourd'hui encore, on administre des opiacées aux bébés européens sous leur forme la plus anodine, à savoir les infusions de graines de pavot.

Dans les pays occidentaux, un quart des enfants de dix-huit mois ont déjà pris des sédatifs. Ceux-ci sont présents dans les médicaments contre les coliques, les sirops au paracétamol, les antihistaminiques ou encore les baumes destinés à soulager la percée dentaire. Nous donnons ces produits à nos enfants pour toutes sortes de raison ; non seulement ils apaisent leurs pleurs, mais ils favorisent leur endormissement – un effet secondaire dont nul ne se plaint...

Si ces médicaments sont utilisés avec parcimonie, ils présentent le double avantage de calmer les douleurs du bébé et de permettre à toute la famille de souffler un peu. Mais certains enfants en consomment tous les jours pendant des mois, ce qui peut s'avérer extrêmement nocif. Ainsi, l'abus de paracétamol désactive les substances antidouleur produites par l'organisme.

Avant de nous précipiter à la pharmacie, nous devrions réfléchir à ce que nous obligeons nos bébés à ingurgiter. Plutôt que d'essayer de supprimer les symptômes, pourquoi ne pas adopter une approche plus globale ? En leur offrant la chaleur de nos bras et le contact de notre peau, nous pouvons stimuler leur production de substances antidouleur, favoriser leur autoguérison et sécher leurs larmes.

– Le saviez-vous ? –

Au XIXe siècle, les parents américains pouvaient « assommer » leurs enfants en toute impunité avec des cachets à la cocaïne contre la rage de dents. L'emballage de ce médicament représentait deux adorables bambins en train de traverser un ruisseau, et le slogan publicitaire proclamait : « Guérison instantanée ! » Même le Coca-Cola a contenu de la cocaïne jusqu'en 1903.

La magie des berceuses

Nous avons parlé plus haut de l'art du « chut ! » La berceuse appartient elle aussi au patrimoine commun de l'humanité. Tous les peuples y ont eu recours et continuent probablement à le faire. Il y a quelque chose de fondamental dans ces mélodies toutes simples chantonnées par les adultes pour apaiser les larmes des bébés et pour les endormir. Même dans les pays d'où la musique est bannie (par exemple dans l'Afghanistan des talibans), les mères murmurent de petits airs très doux dans le creux de l'oreille de leurs enfants. Pour les musicologues, cette expérience précoce est la plus précieuse leçon de musique qu'un être humain puisse recevoir. Nous savons que les bébés absorbent des quantités d'informations, et ce dès leur plus jeune âge. Les berceuses constituent donc comme un avant-goût de la culture dans laquelle ils baigneront leur vie durant.

Tous les enfants naissent avec l'oreille absolue, mais ils ne tardent pas à la perdre car les voix qui les entourent ne peuvent pas être toutes justes. Le nouveau-né possède un tel pouvoir d'adaptation qu'il raccorde son oreille en fonction des berceuses qu'on lui chante. C'est bien la preuve que ces dernières jouent un rôle essentiel dans l'apprentissage du langage. Grâce à elles, le petit enfant peut assimiler la mélodie et les accents de la langue maternelle qu'il commencera bientôt à pratiquer.

Les berceuses précèdent le langage enfantin, c'est-à-dire le moment où les mots acquièrent un sens et se transforment en jugements ou en ordres. Comme ils sont encore incapables de transmettre leurs craintes, leurs espoirs, leur colère ou leur autorité, les parents se contentent d'exprimer leur amour par ces chansons.

Bien entendu, les berceuses sont très efficaces pour apaiser les nourrissons agités. Ceux-ci réagissent d'instinct aux douces mélodies et aux mots tendres qu'ils ont l'habitude d'entendre à la fin de la journée. Et peu importe si la musique se limite à quelques notes sans cesse répétées. Au Tibet, les mères chantonnent de manière lancinante un mantra (incantation protectrice possédant toute une série de sens cachés) que l'on peut transcrire par : « OM TARE TUTTARE TURE SOHÀ ». Ces mélodies provoquent une sorte d'hypnose chez l'enfant irrité et rétablissent son calme intérieur.

Dans la plupart des pays, la signification des berceuses n'a pas grande importance. Les paroles menacent parfois le bébé d'une catastrophe imminente (« ton berceau va tomber... ») ou évoquent un papa en voyage dans des contrées lointaines. Certaines parlent d'une vie pleine d'espoirs qui vient de commencer, d'autres se contentent de décrire le temps qu'il fait ou le paysage environnant.

Ne vous souciez pas des paroles, et si vous les avez oubliées, n'hésitez pas à en inventer de nouvelles. En répétant inlassablement vos berceuses favorites, vous disposerez d'un moyen efficace pour apaiser votre bébé. La seule chose qui compte vraiment pour lui, c'est votre voix et votre manière inimitable de chantonner. Tel est le remède qui s'applique à merveille à votre bébé, et que vous seule possédez.

– Le saviez-vous ? –

Les bébés apprécient toutes sortes de musiques. Vous n'aurez aucun mal à le rendre accro à votre CD préféré, qu'il s'agisse de Mozart ou d'un groupe contemporain. Il existe même un CD intitulé *Punk Rock Baby*, dans lequel des morceaux de The Clash et des Sex Pistols sont revisités sous forme de berceuses ! L'écoute d'une chanson archiconnue peut calmer instantanément un nourrisson qui a du mal à s'endormir.

LA RÈGLE Nº 8 EN BREF

- Depuis la nuit des temps, les bébés dorment auprès de leurs parents ou d'autres adultes. C'est toujours la règle dans la plupart des pays, car le bon sens veut qu'on leur assure une protection maximale.
- Le sommeil léger est excellent pour les bébés, car il les aide à continuer à respirer et à passer des nuits paisibles.
- Le sommeil partagé facilite l'allaitement et présente de nombreux avantages pour l'enfant comme pour sa maman. Il limite également les pleurs.
- Évitez de donner régulièrement à votre bébé des médicaments destinés à faciliter l'endormissement et à réduire les pleurs.
- Les berceuses sont un moyen merveilleux d'apaiser les enfants et de les plonger dans un sommeil paisible.

Règle n° 9

Un trésor à emporter !

« Tandis que nous nous dirigions vers la porte, Akak attrapa sa petite fille Anautalik, qui avait tout juste l'âge de se tenir assise toute seule, et la glissa dans le dos de son anorak. Je l'observai avec étonnement. J'avais fait de l'alpinisme dans l'Himalaya en plein hiver, mais ici le froid humide était encore plus pénétrant et les rafales de vent plus violentes. L'air était mordant. J'ignorais que ce tout petit bébé allait venir pêcher avec nous, mais une fois revenu de ma surprise, je me suis rappelé que depuis des siècles les enfants inuits étaient obligés d'accompagner leur mère durant toutes ses activités quotidiennes. Alors, pourquoi de pas continuer comme autrefois ? »

Jan Reynolds, « Comment les Inuits de l'Arctique portent leurs enfants en toutes circonstances », in *Mère et Enfant*, 1997.

Plus près de vous, plus près du cœur

Est-ce vraiment si important de porter son enfant ? La poussette est-elle si différente du kangourou ? Le sac à dos porte-bébé ne manque-t-il pas d'élégance pour les femmes actives dans notre société contemporaine ?

Quels que soient nos principes d'éducation, nous ne devons pas oublier que sur le plan physique, un nourrisson est conçu pour mener un type d'existence préhistorique. Nous trouvons parfois notre mode de vie trépidant, mais aux yeux d'un bébé il est statique et terriblement monotone. Instinctivement, il s'attend à accompagner jour après jour des parents nomades dans leurs expéditions de chasse et de cueillette. Il n'est pas programmé pour rester immobile pendant de longues heures ni pour passer ses journées à bavarder dans un langage enfantin. Le fossé qui sépare l'Âge de pierre des modes éducatives actuelles contribue bien sûr à provoquer ses pleurs.

Nos enfants adoreraient rester prisonniers de leur berceau, de leur landau ou de leur siège-bébé si nous appartenions à une espèce bâtisseuse de nids, comme les oiseaux. Mais ce n'est pas le cas. Comme tous les primates, nous devrions porter nos enfants jusqu'à ce qu'ils soient assez grands pour se débrouiller tout seuls. Et comme le petit d'homme est le plus attardé de la bande, ce transport peut durer un bon bout de temps ! Dans les sociétés traditionnelles, les nourrissons sont portés en permanence au cours des six premiers mois, voire davantage, c'est-à-dire jusqu'à ce qu'ils puissent marcher à quatre pattes. Et l'on continue à porter très fréquemment les enfants plus âgés, jusqu'à ce qu'ils se débattent pour acquérir leur indépendance.

Les avantages d'une telle pratique sont évidents : un bébé que l'on trimbale toute la journée consume ses réserves d'énergie. S'il y est habitué depuis sa naissance, il sera moins sujet aux coliques et il pleurera moins le soir car il n'aura pas refoulé son besoin d'exercice pendant de longues heures.

Même pour un tout petit bébé, l'air pur et la dépense physique sont des composantes essentielles d'une vie saine. Si nos bébés pleurent autant, c'est sans doute en partie parce qu'ils passent trop de temps enfermés. Il est donc conseillé de les emmener en promenade le plus souvent possible. Pas besoin d'habiter à la campagne ou d'être une fanatique du ramassage des mûres : un petit tour jusqu'au magasin du coin de la rue fera le même effet. Avec votre enfant dans un kangourou, vous pourrez vous livrer à une activité physique qui vous sera bénéfique à tous les deux.

Le fait d'être porté est excellent pour le développement de son système nerveux, car il affine son sens de l'équilibre. Il est plus calme et moins sujet aux coliques et aux vents. Par ailleurs, il peut regarder le monde qui l'entoure à partir d'un point d'observation mobile – et apprendre ainsi à mieux se situer dans l'espace.

Les anthropologues qui ont comparé les bébés africains et nord-américains ont été frappés par la précocité des premiers. Leur tonus musculaire est bien meilleur, ils sont plus éveillés et communiquent plus facilement avec leur entourage. En outre, ils parviennent à se tenir debout, à ramper et à marcher avec plusieurs mois d'avance.

Le petit d'homme a désespérément envie que nous le prenions dans nos bras – et nous sommes programmées pour exaucer son désir. Le petit singe ne demande rien à personne et s'accroche de lui-même à la fourrure maternelle. Le bébé humain est incapable d'un tel exploit. Il naît avec un réflexe de préhension, mais celui-ci disparaît au bout de quelques jours ou de quelques semaines. De toute façon, ce n'est pas très facile de s'accrocher à une maman qui n'a pas de poils !

Après la disparition de ce réflexe, il n'a plus que deux moyens d'obtenir ce qu'il veut : son sourire enjôleur et ses cris perçants. Il est prêt à se servir de l'un ou de l'autre pour vous transmettre ses désirs.

Vous n'êtes peut-être pas en mesure de prendre votre bébé dans vos bras ou de le porter sur vous, à cause de problèmes de dos ou d'un handicap physique par exemple. Ce n'est pas une raison pour vous décourager. Il appréciera toutes les caresses que vous lui prodiguerez, et il se trouvera parfaitement à son aise dans les bras de votre partenaire, de votre père, de votre sœur ou de votre meilleure amie. N'hésitez pas à demander à vos proches de le porter à votre place le plus souvent possible. C'est le meilleur moyen d'en faire le petit être le plus sociable et le plus adorable à des kilomètres à la ronde !

– Le saviez-vous ? –

Dans de nombreuses sociétés traditionnelles, porter un enfant est un honneur que toute le monde rêve de se voir accorder. Par ailleurs, le soin de s'occuper d'un nourrisson est souvent confié à une grande sœur ou à un grand frère. Au Nigeria, au Kenya et dans d'autres pays d'Afrique, le fait de porter un bébé crée un lien qui ne sera jamais oublié. Les adultes vous présentent souvent un membre de leur famille comme « le frère (ou la sœur) qui m'a porté. »

Emportez-moi au bout du monde...

- Le petit Éthiopien est placé dans un sac en haut du dos de sa mère et enveloppé dans les pans de la djellaba que celle-ci passe par-dessus ses épaules. Quand il pleut, elle ouvre son parapluie au-dessus de leurs deux têtes. En grandissant, l'enfant apprend à s'installer entre les deux omoplates de sa mère et à refermer les jambes autour de sa taille.
- Au Nigeria, les femmes fulanis déposent leur bébé dans une grande écharpe de coton clair qu'elles nouent autour de leur torse afin de lui assurer une bonne stabilité.
- Au Swaziland, les mères portent leur enfant sur leur dos, dans une peau de chèvre généralement offerte par leurs propres parents.
- Au Liberia, le peuple kpelle cultive le coton pour tisser une étoffe à rayures. Les femmes entourent une bande de deux mètres nommée *lapa* sous leurs aisselles et s'attachent un autre morceau de tissu plus petit autour de la taille afin de maintenir leur bébé sur leur dos.
- Au Moyen Âge, les Françaises emportaient leur enfant partout dans une sorte de sac appelé « trousse ».
- Au pays de Galles, les femmes enroulaient leur bébé dans un châle. Aujourd'hui encore, le parler gallois possède un terme qui fait référence au contact du nourrisson blotti contre le corps de sa mère.
- Les Marocaines portent leur enfant sur leur dos dans une pièce d'étoffe.

- Dans le nord du continent américain, depuis l'Alaska jusqu'au Labrador, les peuples amérindiens utilisent depuis le XIXe siècle des ceintures ornées de perles – technique que leur enseignèrent des pionniers européens.

- Dans le sud de l'Inde, le bébé est porté à même la peau, sous la partie supérieure du sari. Dans d'autres régions, il est enveloppé dans un tissu et suspendu sur un flanc ou sur le ventre.

- Dans le golfe du Bengale, les habitants des îles Andaman possèdent une vieille tradition. Quand une grossesse est ardemment désirée, en particulier par le père, celui-ci s'asseoit à l'extérieur du campement avec un sac porte-bébé. Ce symbole de la maternité, réservé d'ordinaire aux femmes, est sensé favoriser une conception rapide.

- À Bali, la tradition veut que les mères utilisent un châle.

- Chez les peuples nomades du Tibet, les mères disposent leur bébé au contact direct de leur peau, sous leur gros manteau en peau de mouton.

- Au Laos, les mères hmongs portent leur enfant dans un sac magnifiquement brodé et nommé *nyia*. La femme enceinte coud elle-même le *nyia* durant sa grossesse et l'embellit avec des motifs sacrés destinés à protéger l'âme du nouveau-né.

- En Chine, la coutume veut que la mère attache son enfant sur son dos avec des bandes de tissu de chanvre. La colonne vertébrale du bébé est maintenue par un molleton rigide, et les bandes de chanvre doivent les relier l'une à l'autre : la mère les croise sur son front, puis les noue autour de sa taille.

- Le sac porte-bébé est de nouveau très à la mode. Les enfants de David et Victoria Beckam ont posé récemment pour un modèle très chic en cuir et peau de mouton. Entre nous soit dit, ces matières étaient déjà utilisées par les chasseurs-cueilleurs de l'Âge de pierre pour transporter leur progéniture...

– Le saviez-vous ? –

Pour éviter les douleurs dorsales, procurez-vous un sac porte-bébé qui s'attache sans boucles ni fixations métalliques. Il est important que le poids de l'enfant ne tire pas le sac en arrière, sinon vos épaules s'affaisseront et vous risquerez d'avoir mal aux reins. Les sacs qui s'enroulent autour de votre corps et de celui de votre bébé vous assurent à l'un comme à l'autre un soutien précieux lors de tous vos mouvements.

Cœur à cœur

C'est une préférence typiquement féminine : la plupart des mères ont tendance à porter leur bébé sur le côté gauche. Pourquoi un tel choix ? A-t-il un véritable pouvoir d'apaisement ?

Des scientifiques ont calculé que 83 % des mères droitières et 78 % des gauchères ont l'habitude de tenir leur bébé du côté gauche. Comme les petites filles font de même quand elles jouent à la poupée, il doit s'agir d'un instinct profondément enraciné. Les hommes adultes et les jeunes garçons, à l'inverse, ne manifestent aucune préférence.

Les chercheurs estiment que ce comportement n'est pas uniquement destiné à libérer la main droite et à lui permettre d'accomplir d'autres tâches (encore que ce soit peut-être une raison complémentaire). Ils expliquent que les enfants sont apaisés par les battements de cœur de leur mère quand ils sont dans son ventre, et qu'il en est de même après la naissance.

Ils font aussi remarquer qu'en collant son oreille droite contre le corps de sa mère, le nourrisson dégage automatiquement son oreille gauche. Or, celle-ci est reliée à la partie droite de son cerveau, celle qui traite les émotions et aide le bébé à interpréter les gestes d'affection de ses parents. De plus, la mère tourne la moitié gauche de son visage vers l'enfant, et peut ainsi lui transmettre plus facilement toute sa tendresse.

Cette prédilection pour le côté gauche ne concerne pas seulement les mamans, mais aussi les bébés. Ils ont tendance à lui présenter leur côté gauche ! Ce phénomène a des causes très variées. Dans la majorité des cas, l'enfant manifeste une préférence pour sa main droite avant la vingt-neuvième semaine de grossesse. Pour 60 % d'entre eux, le côté droit du corps est placé contre la paroi externe de l'utérus, où il reçoit davantage de stimulations.

Après l'accouchement, le nouveau-né possède donc un nombre de nerfs reliés au cerveau légèrement supérieur dans la moitié droite de son corps. Il préfère également tourner la tête vers la droite que vers la gauche. Du fait de cette infime déformation physique, il a davantage de chances de devenir droitier. Si sa mère prend l'habitude de le porter du côté gauche, il finira à la longue par se servir de préférence de son oreille gauche pour écouter son environnement. Selon les scientifiques, cela nous aide à traiter les émotions qui surgissent chaque fois que nous discutons avec quelqu'un.

Paradoxalement, ces préférences contradictoires devraient nous permettre de mener une existence plus équilibrée. Les chimpanzés et les gorilles portent toujours leur petit du côté gauche, et il en est de même chez les peuples de chasseurs-cueilleurs, comme les Sans du désert du Kalahari (les bébés sans tètent le sein gauche de leur mère quand elle se déplace, son sein droit quand elle est immobile). La solution qui unit la main droite à la partie gauche du cerveau devrait offrir une approche de la vie fondée tout autant sur les émotions que sur les aspects pratiques.

Nous devons nous en inspirer lorsque que nous tentons d'apaiser un enfant qui pleure. En les tenant du côté gauche, il nous est plus facile de leur communiquer notre tendresse. Quant à eux, ils peuvent lire notre amour et notre compassion sur notre visage. C'est l'un de ces merveilleux exemples où la science vient confirmer une intuition pour résoudre une énigme.

– Le saviez-vous ? –

Selon le Talmud, recueil de commentaires sur la loi mosaïque, « une femme qui commence à allaiter son fils doit d'abord lui présenter son sein gauche, car toutes les sources de la connaissance viennent de la gauche ».

La vie continue !

L'une des préoccupations essentielles des femmes modernes est de chercher à se simplifier un peu la vie. Ce n'est pas qu'elles soient plus paresseuses que les générations de mères qui les ont précédées : c'est simplement qu'on leur demande d'assumer trop de rôles différents, et ce sans bénéficier du soutien de l'opinion publique, de l'appui concret d'une communauté ou de la présence d'une domestique. Certes, nous avons davantage d'électroménager et un niveau de vie plus élevé que nos grands-mères, mais nous menons aussi une existence plus éclatée. Quand il s'agit d'élever un enfant, nous devons nous débrouiller toutes seules, quels que soient les obstacles qui surgissent.

L'idée de devoir porter son bébé toute la journée a donc de quoi déstabiliser une jeune femme qui avait prévu de maintenir sous contrôle les exigences de son enfant. Mais les pleurs de ce dernier peuvent s'avérer tout aussi déstabilisants, surtout si on le laisse tout seul dans son berceau pendant des heures.

Bien que le fait de porter son bébé du matin au soir puisse paraître épuisant, il s'agit en fait de la solution la plus pratique. Si ce n'était pas le cas, cette habitude n'aurait pas survécu à l'évolution de l'espèce humaine depuis trois millions d'années. Les mères issues de sociétés traditionnelles expliquent qu'elles cherchent ainsi à maintenir leur nourrisson à la fois éveillé et paisible. Elles n'essayent pas de le stimuler à l'excès et souhaitent évidemment limiter ses pleurs. Voilà pourquoi elles l'installent sur leur dos et continuent à vaquer à leurs activités comme si de rien n'était.

Dans le monde entier, le bébé accompagne sa mère au travail. En cas d'impossibilité, il se retrouve attaché sur le dos d'une grand-mère, d'une sœur aînée, d'une tante ou d'un frère. Il participe ainsi à la vie collective sans devenir pour autant le centre d'attention. Quand il est dans les bras d'un adulte, l'enfant peut voir ce qui se passe autour de lui et s'amuser, tout en jouissant d'un sentiment de sécurité. Il est comme un roi au cœur de son petit royaume. Il n'a pas encore besoin d'apprendre que la Terre ne tourne pas autour de lui. Au contraire, on lui fait croire que tout ce qui l'entoure n'est là que pour son bon plaisir.

Voici à présent quelques-uns des avantages remarquables et souvent inattendus du portage systématique :

- Plus un nourrisson est porté, plus son corps se décontracte et s'adapte au vôtre. Il abandonne toute résistance et se détend tellement qu'il semble plus léger à huit semaines qu'il ne l'était à huit jours.
- Il ne prend pas l'habitude de pleurer pour obtenir la satisfaction de ses besoins. Vous apprenez très vite à interpréter ses trémoussements, qui peuvent correspondre à la faim ou au désir de changer de position. Les mères issues de sociétés traditionnelles savent même quand leur enfant s'apprête à uriner ou à déféquer.
- Les parents éprouvent souvent une incroyable sensation de sérénité quand ils commencent à emporter leur bébé partout où ils vont. J'ai fait cette expérience avec ma deuxième fille : je n'avais plus besoin de me soucier de savoir si elle était éveillée ou endormie, puisqu'elle pouvait désormais avoir ses propres horaires. Je ne me demandais plus comment elle allait, et je n'avais plus besoin de me précipiter pour répondre à ses pleurs.

Du coup, sa petite enfance a été une véritable partie de plaisir, pour elle comme pour moi.

- Vous pouvez continuer à vivre normalement, pour autant que les contraintes sociales ne viennent pas s'interposer (les bébés sont rarement les bienvenus dans les bureaux, mais de toute façon ils ne se plairaient guère dans un tel environnement). Hormis les lieux de travail, vous pouvez pratiquer avec votre enfant toutes sortes d'activités qui lui conviennent à merveille, comme les tâches ménagères ou le jardinage. Pendant ce temps, vous vous perfectionnez également dans le métier de parent. Quand vous allez faire des courses, vous promener ou retrouver des amis au café, n'oubliez pas de glisser votre bébé dans son kangourou...

– Le saviez-vous ? –

En portant votre bébé, vous lui offrez une gamme très variée des stimulations auxquelles il aspire. Dans de nombreux pays, cela implique qu'il accompagne sa mère au travail. Au Mexique, il se détend tandis qu'elle pile les grains de maïs. Chez les Pygmées Mbutis, il tressaute durant les parties de chasse à travers la forêt équatoriale. Un mode de vie qui se situe aux antipodes de celui du nourrisson occidental, condamné à rester immobile dans son berceau.

LA RÈGLE N° 9 EN BREF

- Les bébés adorent se faire trimbaler partout, et c'est excellent pour eux !
- Dans les pays où le portage est la règle, les enfants sont plus éveillés, et ils présentent un développement moteur plus précoce et un meilleur équilibre. Rien d'étonnant à ce que nos enfants pleurent pour que nous les prenions dans nos bras et pour que nous les secouions un peu.
- Les meilleurs sacs porte-bébé sont de simples morceaux d'étoffe, éventuellement équipés de lanières, qui peuvent se modeler en fonction de votre corps.
- Efforcez-vous de porter votre bébé du côté gauche afin de favoriser la communication.
- Le portage peut apparaître comme une corvée, alors que c'est la méthode la plus pratique dès que vous y êtes habituée. Vous n'aurez plus besoin de vous inquiéter à son sujet, ni d'essayer de lui imposer des horaires. Il pourra vous exprimer ses désirs sur-le-champ, sans être obligé de pleurer.

Règle n° 10

Haut les cœurs !

« Elle finira bien par s'endormir à force de pleurer. Mais seulement après avoir préparé le dîner, fait la vaisselle et tout rangé. »

Légende d'une photo dans le cadre d'une campagne de publicité organisée par la NSPCC (Association britannique pour la prévention de la maltraitance des enfants).

Tenez bon !

C'est un cercle vicieux. Les scientifiques nous expliquent qu'un bébé est plus susceptible de pleurer si sa mère est déprimée, ou bien si elle a eu une grossesse et un accouchement difficiles. En même temps, plus un enfant pleure, plus sa mère a de chances de déprimer. Beaucoup de mamans disent d'ailleurs que les problèmes rencontrés durant leur grossesse ou lors de la naissance ont ruiné par la suite les plaisirs de la maternité.

Selon Sheila Kitzinger, une femme dont l'enfant pleure plus de six heures par jour est davantage exposée que les autres à subir un bouleversement majeur dans sa vie quotidienne. En outre, le nourrisson pleurera plus facilement si sa mère éprouve un sentiment de culpabilité du fait d'un accouchement difficile.

Comme pour la poule et l'œuf, on a du mal à déterminer si un enfant pleure parce que sa mère est perturbée, ou bien si elle est perturbée parce qu'il pleure. La question devient encore plus ardue quand vous vous la posez en période de crise ouverte – et que personne ne vous aide à la résoudre. Si vous disposiez de points de comparaison, vous sauriez que les pleurs infantiles sont un phénomène normal, tout comme le sentiment de culpabilité maternel et le fait que les parents se retrouvent désarmés face à ce type de problème dans tous les pays occidentaux.

En 2002, la sociologue Tina Miller a mené une enquête sur des femmes britanniques de race blanche et appartenant aux classes moyennes, avant et après l'accouchement. Elles nourrissaient toutes des idées préconçues sur les caractéristiques d'une « bonne » ou d'une « mauvaise » mère, mais aucune n'avait anticipé les problèmes concrets liés à l'arrivée d'un nouveau-né. Toutes ces malheureuses avaient l'impression d'être confrontées à des situations totalement « anormales ». Pour ne rien arranger, elles s'efforçaient de donner une bonne impression aux gens – y compris aux professionnels de santé qui étaient censés les aider.

Ainsi, lors de leurs visites postnatales, les sages-femmes leur disaient : « Vous avez l'air de bien vous en sortir. Je ne viendrai peut-être pas demain. » Les mamans avaient envie de leur répondre : « Venez, je vous en supplie. J'ai tellement besoin de vos visites. Je me sens si vulnérable, si terrorisée. » Mais elles préféraient se taire, pour ne pas devoir avouer qu'elles ne tenaient pas le coup. Au bout de dix jours, les sages-femmes cessaient de leur rendre visite sans se douter de ce qu'elles ressentaient réellement.

Toute votre vie, on vous a répété que la force réside dans l'indépendance et que vous devez dissimuler vos faiblesses. Quand vous êtes confrontée aux pleurs de votre bébé, ce sentiment est multiplié par dix : vous ne pouvez pas avouer votre impuissance lorsque celle-ci concerne l'aventure la plus importante dans laquelle vous vous soyez lancée. Pourtant, les parents devraient comprendre que demander de l'aide n'est en aucun cas un aveu de faiblesse, et qu'on peut rencontrer des problèmes sans pour autant courir à l'échec. Pour continuer à donner généreusement et à faire face à l'adversité, vous avez besoin d'un soutien. Il n'y a aucune honte à prendre soin de soi-même.

– Le saviez-vous ? –

Dans les campagnes de Malaisie, les mères appellent *sakit meroyan* la tristesse qui les envahit souvent au lendemain d'un accouchement. Selon elle, la dépression postnatale est due aux puissants esprits maléfiques qui entourent le placenta. C'est pourquoi les pères et les autres membres de la famille doivent faire preuve d'une grande gentillesse durant cette période.

Les dangers de l'indépendance

> « *Les mauvais jours, quand le stress vous envahit, même le talc devient abrasif.* »
>
> Clarissa DICKSON WRIGHT,
> journaliste de télévision

L'art d'être une bonne mère se résume à donner tout ce qu'il est en votre pouvoir de donner, mais pas davantage. Votre bébé a besoin d'une maman solide, et non pas d'une malheureuse au bout du rouleau et pleine d'aigreur. Comme tous les êtres humains, vous avez vos limites, et il est de votre intérêt de bien les connaître.

Les risques de surmenage augmentent avec les pleurs infantiles. En effet, l'agitation du nourrisson contamine les seules personnes vers lesquelles il puisse se tourner, c'est-à-dire ses parents. Lorsque vous êtes son unique ressource, le fardeau peut vite devenir écrasant. Si c'est un jour avec, vous trouverez peut-être l'énergie de sortir de chez vous pour aller vous promener, pour voir une amie ou pour faire un gros câlin à votre bébé.

À l'inverse, si c'est un jour sans, vous serez submergée par des pensées négatives qui peuvent prendre un tour sinistre. Le désir de faire du mal à son enfant ou de l'abandonner est beaucoup plus commun qu'on ne l'imagine. Une étude a montré qu'une mère sur dix secouait son bébé ou le saisissait brutalement lorsque ses hurlements devenaient insupportables. Ceux-ci représentent en effet la cause de violence la plus répandue.

Quand vous êtes à bout de nerfs, il est tentant de le secouer comme un prunier pour le faire taire. Mais cela ne mène à rien, car il s'agit d'un exutoire pour votre frustration, et non pas d'une méthode visant à le consoler. En outre, c'est extrêmement dangereux. Jusqu'à une date récente, on croyait que seuls des secousses fréquentes et brutales pouvaient provoquer des traumatismes, mais le « syndrome du bébé secoué » a augmenté dans dc telles proportions qu'une mise en garde s'impose. On lui attribue chaque année près de 200 décès en Grande-Bretagne et environ 3 000 aux États-Unis. Dans de nombreux cas, on constate que les parents étaient pleins de bonne volonté, mais qu'ils avaient atteint un niveau de stress inimaginable.

Même des secousses modérées peuvent provoquer le saignement des vaisseaux délicats qui entourent le cerveau de l'enfant. Selon les médecins, le point de jonction de la colonne vertébrale avec le cerveau est particulièrement fragile. La plupart des parents n'ont pas la moindre intention de faire du mal à leur bébé, ils s'en croient même incapables, mais leur état de tension extrême les pousse au-delà de leurs limites. Lorsque des idées de meurtre ou des ressentiments nous assaillent, lorsque les pleurs deviennent insupportables, il est grand temps de réagir. Le moment est venu de renoncer à une indépendance utopique et de chercher de l'aide à l'extérieur.

– Le saviez-vous ? –

Paradoxalement, le risque de secouer ou de faire du mal à votre bébé est moindre si vous le portez sur vous. Un contact étroit et permanent favorise les gestes délicats et réduit les mouvements soudains ou brutaux. Cette proximité joue aussi un rôle très précieux en cas de dépression postnatale, car elle permet de prolonger le lien biologique qui existait durant la grossesse.

Créez votre propre communauté

Ne restez pas toute seule. Si ce livre a un message à vous transmettre, c'est celui-là. Entourez-vous d'amis, appuyez-vous sur votre famille, faites appel à la gentillesse des étrangers et à la bonne volonté de vos voisins. Trouvez-vous une grand-mère ou une tante adoptive. L'essentiel, c'est de vous procurer l'aide dont vous avez besoin.

Dans le monde entier, l'éducation des enfants est une tâche communautaire. Un bébé ne peut pas être élevé dans une maison ou dans un appartement, par une ou deux personnes solitaires qui se demandent sans cesse s'ils ne sont pas en train de se tromper. Quand vous êtes seule avec votre enfant, le moindre toussotement prend un tour inquiétant. Et ses pleurs résonnent comme des reproches, puisque l'entière responsabilité de son bien-être repose sur vos frêles épaules. Une telle situation n'est donc bonne ni pour lui ni pour vous.

Bien entendu, un enfant a besoin de sa mère – et de son père – plus que tout au monde. Vous constituerez le centre de son univers pendant au moins les sept premières années de sa vie. Mais un bébé doit aussi connaître les autres facettes de la société, à commencer par les membres de sa famille, qui l'aiment et qui surtout apportent leur soutien à ses pauvres parents si fatigués... Il adore se retrouver au cœur d'une vie familiale trépidante, parmi d'autres d'enfants et des représentants des autres générations, et il est toujours prêt à établir une relation avec les adultes qui ont un peu de temps à lui consacrer.

Dans les campagnes du monde entier, chacun cherche à élargir au maximum sa famille. Les petits enfants appellent « tante » ou « mère » toutes les femmes adultes. Et tous les hommes deviennent des « oncles » ou des « pères » de substitution. Ce système de veille fondé sur la solidarité entre voisins évite aux nouveaux parents de se sentir isolés et vulnérables quand ils entreprennent d'élever une nouvelle génération.

Au début, les enfants n'ont d'yeux que pour leur maman. Mais très vite ils apprécient qu'on se les passe de mains en mains, que leurs aînés les portent sur leur dos, que leurs grands-parents les câlinent. Plus important encore, ils profitent du sentiment de bien-être éprouvé par leurs parents grâce à ce soutien collectif. Quand une mère reçoit beaucoup d'amour et de soins, ses enfants bénéficient d'une meilleure chance de survie.

Dans les sociétés traditionnelles, un réseau communautaire très sophistiqué se met en branle dès le lendemain d'une naissance. Des groupes de femmes viennent aider la nouvelle accouchée et son mari. Elles prennent en charge les tâches domestiques telles que la préparation des repas ou le ménage. Elles écartent les importuns et protègent l'intimité de la mère et de son nouveau-né pendant les débuts de l'allaitement. Elles pratiquent également divers rituels pour que l'âme du bébé demeure sur terre, plutôt que de regagner le monde des esprits. Elles dorlotent la maman et son petit trésor avec joie, enthousiasme et compétence.

Quel bonheur d'aborder dans ces conditions le métier de parent ! Le père participe à des rituels riches de sens et acquiert un nouveau statut plus élevé grâce à sa paternité. La mère est l'objet de tous les soins, car chacun sait que son enfant dépend d'elle de façon presque exclusive. Cet événement a valeur de symbole dans de nombreux pays – y compris dans les plus misérables de la planète.

Dans les pays occidentaux, il existe aussi des réseaux de solidarité. Nous avons des amis et des voisins. Des bataillons entiers de professionnels de santé ne demandent qu'à aider et à conseiller les nouveaux parents désarmés. Mais comme nous n'aimons pas admettre notre vulnérabilité, nous n'employons qu'une partie minuscule des moyens disponibles. Nous privilégeons l'indépendance, alors que les peuples traditionnels accordent une plus grande valeur à la solidarité – à l'entraide qui permet à chacun d'obtenir un soutien quand il en a besoin.

Si vous venez d'avoir un bébé, c'est le moment de vous faire aider. Vous devez partager vos appréhensions et vos erreurs, car tous les parents sont passés par là avant vous. Vous devez partager le fardeau des pleurs infantiles : vous serez étonnée de voir le nombre de gens tout prêts à s'occuper de votre enfant pendant une heure ou pendant une semaine. Faites appel à l'adolescente qui habite sur le même palier que vous ou à la vieille dame d'à côté... Arrangez-vous avec une amie pour vous relayer... Ne restez pas toute seule : créez votre propre communauté.

– Le saviez-vous ? –

Dans certains pays, les églises recrutent des volontaires pour préparer à manger ou faire la lessive des jeunes mamans durant les deux semaines qui suivent l'accouchement. Pourquoi ne pas vous organiser avec d'autres mères ou d'autres femmes enceintes, et instaurer un roulement des tâches ménagères ?

Bichonnez-vous !

Pour pouvoir être aux petits soins avec votre bébé, vous devez d'abord et avant tout bien vous occuper de vous-même. Voici quelques suggestions glanées dans les sociétés traditionnelles du monde entier, là où l'apparition d'un nouveau-né est automatiquement suivie par des mois de dorlotement ritualisé :

- Accordez-vous la priorité. Offrez-vous au moins une demi-heure par jour de liberté totale. Vous pouvez profiter du moment où votre enfant vient de s'endormir, mais c'est encore mieux de le confier à une tierce personne durant la période critique du début de soirée. Une fois seule, prenez un bon bain, allez vous promener, piquez un petit roupillon, méditez, ouvrez un bouquin... ; tout est bon, pourvu que cela n'ait aucun rapport avec votre bébé.

- Ne soyez pas maniaque. Ce ne sera pas un drame si votre maison est un peu moins nickel. Apprenez l'art du ménage zen : regardez la poussière s'accumuler pendant que vous faites un câlin à votre petit chéri. Ne profitez pas de chacune de ses siestes pour aller nettoyer quelque chose. Dans de nombreux pays, les tâches ménagères sont interdites aux jeunes mamans pendant les quarante jours qui suivent une naissance. Alors faites comme elles..., même si votre enfant a déjà six mois !

- Initiez-vous à la magie du bain. Après l'accouchement, les mères haïtiennes se baignent dans de l'eau parfumée avec des feuilles de ricin, tandis qu'au Guatemala elles prennent des bains de vapeur. Utilisez des huiles essentielles très douces pour retrouver une sensation de bien-être – par exemple quelques gouttes d'huile de cyprès ou de lavande.

- Pensez aux massages. En Polynésie, une tradition veut que la jeune accouchée s'étende près d'un feu d'écales de noix de coco, tandis que ses amies la massent avec de l'huile de noix de coco. En Malaisie, vingt massages rituels sont pratiqués au cours des dix ou quinze jours qui suivent une naissance. Si vous n'avez pas les moyens de vous offrir un professionnel, demandez à votre partenaire, à une amie ou à l'un de vos enfants plus âgé de vous malaxer les épaules et les pieds. Les enfants sont en général très doués pour ce genre d'exercice.

- Faites une petite sieste avec votre bébé. Le nouveau-né a un sommeil de type « polyphasique », autrement dit il ne cesse de s'endormir et de se réveiller, de jour comme de nuit. Comme tous les adultes, vous avez pour votre part un sommeil biphasique : cela signifie que vous êtes programmée pour faire la sieste. Bien sûr, la vie moderne vous laisse rarement l'occasion d'en bénéficier, mais comme vos nuits sont beaucoup plus agitées en ce moment, vous devez absolument vous ménager une coupure après le déjeuner. Si vous avez du mal à vous assoupir, prenez votre enfant dans votre lit et donnez-lui le sein. La succion provoque une réaction hormonale qui a tendance à vous plonger dans un état de somnolence. Vous vous demanderez bientôt comment vous pouviez trouver le sommeil avant d'allaiter !

- Régalez-vous ! L'une des joies de la maternité consiste à se faire servir. Si votre partenaire ne vous dorlote pas, demandez à vos amies. Dites-leur de vous offrir un bon repas à la place des traditionnels cadeaux de naissance. Ou bien stockez plusieurs dîners dans votre congélateur avant l'accouchement. Certains peuples accordent une grande importance aux repas qui suivent une naissance, les jeunes mères devant respecter un certain nombre de tabous et manger des mets de choix. Quoi qu'il en soit, faites-vous plaisir.

- Prenez des vacances en matière de sexualité. Dans de nombreux pays, les femmes interrompent les rapports aussi longtemps qu'elles allaitent, ce qui les prive de toute activité amoureuse pendant un an, voire davantage. Une telle mesure soumettrait bien sûr les couples occidentaux à une trop forte pression, mais vous pouvez négocier une pause avec votre partenaire. N'oubliez pas que 40 % des femmes rencontrent encore des problèmes d'ordre sexuel trois mois après l'accouchement. La solution idéale consiste à mettre l'amour physique en veilleuse sans laisser la flamme s'éteindre. Parlez avec votre partenaire. Prenez en compte ses besoins, même si vous n'êtes pas capable de les satisfaire pleinement.

- Écoutez les conseils, mais ensuite n'en faites qu'à votre tête ! Nous vivons dans une société où les gens vous donnent plus volontiers leur avis qu'un coup de main... Dans les pays où les femmes reçoivent un soutien concret et permanent, les conseils sont réduits au minimum. On peut vous raconter n'importe quoi, c'est vous qui en fin de compte assumerez toutes les responsabilités. Gardez le sourire, remerciez poliment, pesez le pour et le contre, et tirez vous-même les conclusions en fonction de vos propres valeurs.

– Le saviez-vous ? –

Vers la fin de leur grossesse, les femmes marocaines se font teindre des dessins très élaborés sur les mains. Le henné est une plante censée apporter la *baraka* – une énergie positive qui protège la mère et l'enfant contre le mauvais œil. Tant que ces dessins restent visibles sur sa peau, la maman est exemptée des tâches ménagères, ce qui lui assure au moins trois semaines de répit.

Envoyez des S.O.S.

La vie avec un bébé est un défi permanent. À moins que vous n'ayez grandi dans une famille nombreuse ou que vous ayez suivi une formation de puéricultrice, vous ne vous doutiez pas du cyclone provoqué par cet heureux événement. Quand le petit ange se met à pleurer, son désespoir devient votre désespoir, sa souffrance votre souffrance. Au bout de quelques semaines de soins intensifs, vous en arrivez à vous demander comment vous meubliez tout votre temps libre avant sa naissance – et à quel moment précis vous avez dû renoncer à votre amour-propre.

N'oubliez jamais que tous les parents ont vécu la même expérience. Ils refusent peut-être de l'admettre, ils se targuent peut-être d'avoir été à la hauteur grâce à une organisation sans faille et à des compétences étendues. Mais tout cela, c'est pour la façade. La réalité est toujours un mélange de noir et de blanc : des espoirs et des craintes, des nuits sans sommeil et des bonheurs inattendus, des erreurs commises et aussitôt réparées.

N'essayez pas de lutter toute seule. Envoyez plutôt un S.O.S. à vos meilleurs amis. S'ils sont trop loin pour vous aider, trouvez-en de nouveaux. En partageant vos soucis, vous les diviserez par deux. Vous avez d'autant plus besoin d'un soutien affectif que vous vivez une expérience extrême. Vous avez besoin qu'on vous tienne la main.

Rien de tel qu'une discussion autour d'une tasse de café. C'est le meilleur moyen de raconter ses expériences, d'écouter le point de vue des autres, de se rassurer. Bien sûr, vous ne serez pas toujours d'accord avec les autres parents, pas plus que vous ne pouvez espérer qu'ils seront toujours d'accord avec vous.

Profitez de ces moments de répit pour prêter une oreille attentive aux autres, dans une atmosphère de tolérance, sans vous sentir obligée de les juger ou de leur donner votre avis. Même s'ils voient les choses différemment, offrez-leur le soutien que vous attendez des autres.

La tolérance est la seule voie qui reste ouverte dans une société qui a perdu ses tabous et ses traditions. Nous sommes libres de choisir la façon d'élever nos enfants. Les jeunes parents sont toujours un peu effrayés d'être confrontés à de multiples options et à des conseils non sollicités. Mais comme il existe une telle variété de solutions, ils se rendent vite compte qu'il est impossible d'obtenir une approbation générale. En revanche, cette situation offre à chacun d'entre nous une formidable liberté de choix.

Saisissez chaque occasion de soutenir les autres parents dans les options qu'ils ont adoptées. Vous leur apprendrez ainsi à respecter vos propres choix. Et quand vous entendrez un bébé pleurer, ne prononcez aucun jugement, gardez votre opinion pour vous. Tout ce dont ses parents ont besoin, c'est d'un sourire chaleureux.

– Le saviez-vous ? –

Selon des études récentes, 58 % des femmes se disent « déprimées » six semaines après l'accouchement. D'autres préfèrent parler d'« engourdissement » ou de « situation irréelle ». Elles se déclarent incapables de communiquer, même avec leurs meilleures amies. Pourtant, les jeunes parents ont absolument besoin d'entrer en contact avec les autres, et ils n'ont pas une seconde à perdre pour commencer...

LA RÈGLE Nº 10 EN BREF

- La dépression post-natale est souvent étroitement liée aux pleurs infantiles.
- Beaucoup de jeunes mamans ne se rendent pas compte que les problèmes auxquels elles sont confrontées au lendemain la naissance sont tout à fait normaux, et que la plupart de leurs amies sont passées par là.
- Nous devons apprendre à nous appuyer sur les autres, faute de quoi nous risquons de nous faire du mal et de nuire à nos enfants.
- Il existe de nombreuses façons de satisfaire nos besoins physiques et affectifs. C'est à nous de nous tourner vers ceux qui peuvent nous aider.
- Si vous n'êtes pas soutenue par une communauté chaleureuse, essayez d'en créer une avec les gens qui vous entourent. Vous obtiendrez ainsi le soutien dont vous avez besoin et les compliments que vous méritez.

TABLE DES MATIÈRES

Introduction 11

Règle n° 1 : Pas de panique ! 13
Bienvenue au club 15
Pourquoi les bébés pleurent-ils ? 17
Envahissante culpabilité 19
N'en faites pas une affaire personnelle 21
Votre bébé est un être unique 22
Comment établir le contact ? 25

Règle n° 2 : C'est vous la spécialiste 29
Étudiez la question 31
Qu'est-ce qui est normal ? 33
Les raisons de pleurer 36
D'un extrême à l'autre 38
Décrochez votre téléphone ! 41

Règle n° 3 : Votre bébé a droit à la parole 47
Les bébés adorent la routine : ce sont les horaires qu'ils n'apprécient guère 49
Les bébés ne sont que des bébés 51
Prenez le rythme ! 54
Est-ce qu'il y a quelqu'un ? 56
Apprendre à pleurer 58

Règle n° 4 : Ne laissez pas votre bébé pleurer 65
Sachez interpréter les signes 67

Des solutions toutes simples ... 70
Comment bercer ... 71
L'environnement sonore ... 73
Pleurer est une bonne chose ... 76
Soyez un havre de paix ... 77

Règle n° 5 : Un océan de tendresse ... 81
La colique bénigne du nourrisson ... 83
Les pleurs et l'enfant malade ... 86
Les prématurés ... 88
Quelques suggestions ... 90
Les dents : vérité ou prétexte ... 92
Le petit grognon ... 94

Règle n° 6 : Que la fête commence ! ... 99
Quelques trucs précieux ... 101
Les plaisirs de la vie ... 103
Quelques approches thérapeutiques ... 105
De l'or dans les mains ... 108
Un nid douillet ... 109
Un petit tour de magie... ... 112

Règle n° 7 : Donnez sans compter ... 117
Sein ou biberon ? ... 119
Derrière le sein, le cœur ... 122
Un signal d'alarme ... 125
Au cœur de la forêt vierge ... 126
Paix et sérénité ... 128
Ne gâchez pas la fête ! ... 130

Règle n° 8 : Rien de tel qu'un gros dodo ! ... 135
Le berceau humain ... 137
Confidences sur l'oreiller ... 140
L'allaitement nocturne ... 143
La paix à tout prix... ... 145
La magie des berceuses ... 148

Règle n° 9 : Un trésor à emporter ! 153
Plus près de vous, plus près du cœur 155
Emportez-moi au bout du monde... 159
Cœur à cœur 161
La vie continue ! 164

Règle n° 10 : Haut les cœurs ! 169
Tenez bon ! 171
Les dangers de l'indépendance 174
Créez votre propre communauté 176
Bichonnez-vous ! 179
Envoyez des S.O.S. 182

Impression réalisée sur Presse Offset par

BRODARD & TAUPIN

GROUPE CPI

33895 – La Flèche (Sarthe), le 01-02-2006
Dépôt légal : février 2006

POCKET – 12, avenue d'Italie - 75627 Paris cedex 13
Tél. : 01.44.16.05.00

Imprimé en France